C# Programmieren Lernen ohne Vorke

.NET-Programmierung für Anfänger

Daniel Lorig

1. Juni 2017

Inhaltsverzeichnis

1 Grundlagen und Werkzeuge

C# (gesprochen: C-Sharp) ist eine relativ junge Programmiersprache. Sie wurde erstmals im Jahr 2001 von Microsoft speziell für deren .NET-Plattform veröffentlicht. C# hat ein breites Anwendungsgebiet: es kann zum Beispiel für das serverseitige Erstellen von Webseiten verwendet werden (ASP.NET) sowie für Webapplikationen (Silverlight). In diesem Tutorial wollen wir uns aber auf die Erstellung von gewöhnlichen Desktop-Anwendungen konzentrieren.

Microsofts Implementierung *Visual C#* (welche am weitesten verbreitet ist) ist nur zu Microsoft Windows kompatibel. Es gibt alternative Implementierungen, mit denen C#-Programme auch auf anderen Plattformen verfügbar gemacht werden können (z.B. für Linux mit dem Mono-Projekt). Wir beschränken uns allerdings in diesem Tutorial auf reine Windows- Anwendungen für das .NET-Framework.

1.1 Was ist überhaupt eine Programmiersprache?

Programmiersprachen stellen ein Bindeglied dar zwischen der natürlichen menschlichen Sprache und dem nur sehr schwer zu verstehenden Maschinencode, den Computer letztendlich verarbeiten. Wenn ein Entwickler ein Programm erstellen möchte, muss er sich zunächst überlegen, was das Programm überhaupt können soll, welche Eingaben es verarbeiten soll und wie aus den Eingaben Ergebnisse erzeugt werden sollen. (Zum Beispiel: Lese zwei Zahlen ein und berechne als Ergebnis die Summe dieser beiden Zahlen.)

Der erste Schritt bei der Erstellung eines Programms ist also zunächst einmal das Anfertigen einer genauen Spezifikation, die angibt, was das Programm können soll. Ideal wäre es, wenn der Computer diese Spezifikation (in normaler deutscher oder englischer Sprache) bereits verstehen könnte und daraus automatisch ein Programm erzeugen könnte. Wenn dem so wäre, könnte jeder, der der deutschen (oder englischen) Sprache mächtig ist sehr einfach seine eigenen Programme erstellen.

Tatsächlich ist es nicht undenkbar, dass dies irgendwann einmal der Fall sein wird - in absehbarer Zukunft ist jedoch nicht damit zu rechnen. Daher muss nun die Spezifikation in eine „geordnetere" Form gebracht werden, die von einem Computer automatisiert verstanden werden kann. Hier kommen die Programmiersprachen ins Spiel: diese sind gewissermaßen einfachere, primitivere Sprachen, die im Vergleich zu natürlichen Sprachen wie Deutsch oder Englisch einen sehr viel kleineren Wortschatz und eine sehr viel einfachere Grammatik besitzen.

Die Kunst des Programmierens besteht also darin, die Vorgaben einer Spezifikation eines Programms in eine einfachere, primitivere (aber grundsätzlich noch verständliche) Form zu all„übersetzen", die vom Computer automatisch verstanden werden kann.

Zu Beginn des Abschnittes wurde gesagt, dass die Programmiersprachen ein Bindeglied seien zwischen der menschlichen Sprache und dem Maschinencode. Code in einer Programmiersprache ist also noch nicht das Ende der Fahnenstange, sondern nur ein Zwischenschritt zum Maschinencode, der letztendlich vom Computer ausgeführt wird. Der Maschinencode ist nämlich noch einmal sehr viel primitiver als der Code in der Programmiersprache und damit für einen Menschen nur sehr schwer zu verstehen.

Daher wird zum Erstellen einer Anwendung neben dem Code in der Programmiersprache noch ein sogenannter Compiler (deutsch: Übersetzer) benötigt, der den Code in der Programmiersprache in den Maschinencode übersetzt. Der Compiler ist selbst ein Programm, das z.B. vom Entwickler der Programmiersprache bereit gestellt wird.

Der komplette Ablauf beim Erstellen eines Programms ist also der folgende:

- Es wird eine Spezifikation in natürlicher Sprache verfasst, die genau angibt, was ein Programm können soll.

- Der Programmierer wandelt diese Spezifikation in eine formalisierte, einfachere Form um, den Programmcode.

- Der Compiler übersetzt den Programmcode in den Maschinencode, der vom Computer verstanden werden kann.

- Der Maschinencode kann nun auf dem Computer ausgeführt werden.

1.2 Die Programmiersprache C#

C# ist eine imperative und objektorientierte Programmiersprache. Imperative Programmierung bedeutet, dass ein Programm als eine Abfolge von Anweisungen angesehen wird, die angeben, was in welcher Reihenfolge vom Computer getan werden soll. Objektorientierte Programmierung bedeutet, dass man ein Programm mit Hilfe von Objekten modelliert, die miteinander interagieren.

Wir wollen das kurz etwas näher erläutern. Bei der imperativen Programmierung übergeben wir dem Computer eine Reihe von Anweisungen, die der Computer dann der Reihe nach abarbeitet. Die Anweisungen könnten z.B. lauten, „Lese zunächst eine Datei aus", „Zähle die Anzahl der Wörter in der Datei" und „Schreibe die ausgelesene Anzahl dann in eine andere Datei". Der Computer wird diese drei Anweisungen dann der Reihe nach abarbeiten.

Der Hintergedanke bei der objektorientierten Programmierung ist dagegen der folgende: Computerprogramme werden heute immer umfangreicher, leistungsstärker und auch komplizierter. Für Programmierer wird es damit immer schwieriger, diese Programme zu erstellen. Um ein Programm besser überblicken zu können teilt man es daher in verschiedene Teile auf. Ein großes Gesamtproblem wird also in mehrere kleinere Teilprobleme zerlegt, die Teilprobleme können wiederum in noch kleinere Teile zerlegt werden, und so weiter. Nun kann man sich entweder nacheinander den einzelnen Teilproblemen widmen oder aber diese von unterschiedlichen Entwicklern gleichzeitig bearbeiten lassen.

In der Praxis bedient man sich dabei der Objekte. Man versucht also ein Programm zu modellieren als eine Reihe von Objekten, die miteinander interagieren (so wie es auch in der realen Welt der Fall ist). Gemäß dem bekannten Leitsatz „Teile und Herrsche" reduziert man auf diese Weise die Komplexität eines Programms, indem man sich nun mit den verschiedenen Teilen einzeln befassen kann und diese dann später nur noch zu einem Gesamtprogramm zusammen setzen muss.

C# kombiniert also die beiden genannten Paradigmen **Imperative Programmierung** und **Objektorientierung** und kann damit für die Erstellung von sehr komplexen Programmen verwendet werden. Selbiges ist übrigens der Fall bei den ebenfalls sehr populären Programmiersprachen C++ und Java. Gerade syntaktisch sind sich diese drei Sprachen relativ ähnlich, sodass Sie in C# sehr viele bekannte Konzepte wiederfinden werden, sofern Sie bereits Vorkenntnisse entweder in Java oder C++ haben.

1.3 Compiler und Entwicklungsumgebung

Die am weitesten verbreitete Entwicklungsumgebung für das Erstellen von Programmen mit C#
ist das **Visual Studio** von Microsoft. Microsoft veröffentlicht im Rhythmus von 1 - 3 Jahren
komplett neue Versionen von Visual Studio. Die derzeit (Stand: Mai 2017) neueste Version ist Visual
Studio 2017. Für jede (Jahres-) Version wird dabei nochmal unterschieden zwischen verschiedenen
Editionen, von denen einige kostenlos sind, andere dagegen kostenpflichtig.

Nach dem derzeitigen Lizenzierungsmodell bietet Microsoft die Entwicklungsumgebung für Einzel-
Entwickler komplett kostenlos an. Dies ist die sogenannte **Community Edition**. Diese Edition
können Sie also als Programmieranfänger uneingeschränkt kostenlos verwenden. Sie können die
Community Edition auf der Downloadseite von Microsoft[1] herunter laden. Eine Übersicht über alle
Download-Versionen kann ebenfalls auf der Webseite[2] eingesehen werden.

Bei der Installation wird gefragt, welche Konfigurationen Sie installieren wollen. Wählen Sie hier
mindestens die Option **.NET-Desktopentwicklung** aus. Es werden nun automatisch alle
benötigten Komponenten installiert, so z.B. das .NET-Framework sowie der Compiler, mit dem Ihr
Programmcode später in Maschinencode übersetzt wird.

Nachdem die Installation abgeschlossen ist, werden Sie gegebenenfalls dazu aufgefordert, ein Konto
bei Microsoft zu erstellen. Sie können dafür entweder eine vorhandene E-Mail-Adresse nutzen oder
eine E-Mail-Adresse von Microsoft erstellen lassen. Es wird empfohlen, dies gleich zu tun. Wenn
Sie kein Konto bei Microsoft eröffnen, können Sie Visual Studio nach einiger Zeit nicht mehr
nutzen (natürlich können Sie dann immer noch ein Konto eröffnen, um Visual Studio weiter zu
benutzen).

---

[1]https://www.visualstudio.com/de/vs/visual-studio-2017-rc/
[2]https://www.visualstudio.com/de/downloads/

2 Erste Schritte in Visual Studio und C#

Jetzt wollen wir uns zunächst einmal ein bisschen mit Visual Studio vertraut machen. Mit Visual Studio können wir Projekte und Projektmappen verwalten.

Eine Projektmappe können wir uns vorstellen als einen Arbeitsbereich, in dem verschiedene Projekte zusammengefasst werden. Ein Projekt entspricht dabei einem Programm, d.h. wenn wir mehrere Programme erstellen wollen, können wir mehrere Projekte anlegen und diese in einer Projektmappe zusammenfassen.

Wir wollen nun einmal unser erstes eigenes Projekt in Visual Studio anlegen. Dazu wählen wir im Menü *Datei → Neu → Projekt*. Danach *Installiert → Vorlagen → Andere Sprachen → Visual C# → Klassischer Windows-Desktop*. In der sich nun öffnenden Liste wählen wir *Konsolen-App (.NET-Framework)*.

Weiter unten können wir einen Namen für das Projekt angeben (wir geben hier „Kapitel2Beispiele" an) sowie einen Namen für die Projektmappe, die ebenfalls neu erstellt wird und in die unser Projekt gelegt wird. Als Name für die Projektmappe wählen wir „CSharpBeispiele". Nach einem Klick auf OK werden Projektmappe und Projekt automatisch erstellt.

Wir haben nun eine Projektmappe mit einem Projekt darin. Später könnten wir in dieselbe Projektmappe noch weitere Projekte hinzufügen.

Doch zunächst wollen wir uns mit dem gerade erstellten Projekt befassen. Visual Studio hat nun automatisch einige Dateien für unser Projekt generiert, auf diese können wir mit dem Projektmappen-Explorer zugreifen.

Um eine Datei zu öffnen, genügt es, im Projektmappen-Explorer einen Doppelklick auf der Datei auszuführen. Sie wird dann im Editor angezeigt. Im Editor angezeigte Dateien können über das Schließen-Symbol geschlossen werden.

Von Interesse ist für uns die Datei `Program.cs`, die auch automatisch im Editor geöffnet wird. Diese Datei wird nämlich bei der Generierung des Projektes automatisch als Einstiegspunkt in das Programm festgelegt. Erinnern wir uns an die Definition der imperativen Programmierung: der Computer erhält eine Reihe von Anweisungen, die er nacheinander abarbeitet. Und genau in die Datei `Program.cs` können wir nun die Anweisungen schreiben, die das Programm abarbeiten soll.

2.1 Ein erstes Programm

Zunächst einmal sehen wir jedoch, dass Visual Studio für uns bereits automatisch einige Codezeilen in der Datei `Program.cs` generiert hat. Die dort gezeigten Konzepte werden wir in späteren Kapiteln noch ausführlicher kennen lernen, für den Moment soll eine kurze Einführung genügen.

Zu Beginn sehen wir einige Zeilen, die alle mit `using` beginnen. Mittels `using` kann Code aus anderen Dateien in eine Quelltext-Datei eingebunden werden. Dies macht man deshalb, weil man Funktionalitäten, die man in einer anderen Datei realisiert hat, in der Quelltext-Datei verwenden möchte. Stellen Sie sich z.B. vor, Sie hätten in einer Datei Code geschrieben, der bestimmte Funktionalitäten eines Taschenrechners beinhaltet. Nun arbeiten Sie an einer anderen Datei und möchten dort die Taschenrechner-Funktionen verwenden. Dann müssen Sie diese Taschenrechner-Funktionen zunächst mittels der `using`-Direktive einbinden.

Es können übrigens nicht nur Dateien eingebunden werden, die man selbst programmiert hat. Die Programmiersprache C# kommt mit einer großen Bibliothek daher, die bereits viele nützliche Funktionalitäten beinhaltet (z.B. mathematische Operationen, Operationen zum Zugriff auf Netzwerkressourcen und vieles mehr). Im konkreten Fall werden durch die `using`-Direktiven einige häufig verwendete Funktionalitäten in die Datei eingebunden, die wir dann später bei der Erstellung unseres eigenen Codes verwenden könnten.

Nach den Zeilen mit den `using`-Direktiven folgt eine Leerzeile. Leerzeilen können wir (übrigens ebenso wie Leerzeichen) an jeder Stelle des Programms in beliebiger Anzahl einfügen. Leerzeichen bzw. -zeilen werden vom Compiler bei der Übersetzung des Codes ignoriert. Sie dienen lediglich dazu, eine Quellcode-Datei für den menschlichen Leser visuell besser zu strukturieren.

Danach sehen wir eine Zeile, die mit dem Schlüsselwort `namespace` beginnt. Damit kann ein sogenannter Namensraum festgelegt werden. Hier wird der Namensraum `Kapitel2Beispiele` gesetzt. Der Namensraum entspricht in diesem Fall also dem Namen des Projektes, das wir ebenfalls Kapitel2Beispiele genannt haben.

Aber was ist ein Namensraum überhaupt? Nun, wir werden später Objekte erzeugen und können diesen Namen zuweisen. Wenn zuvor ein Namensraum festgelegt wurde, wird der Namensraum dem Namen des erzeugten Objektes einfach vorangestellt. Wenn wir also z.B. ein Objekt mit dem Namen `David` erzeugen, würde der vollständige Name `Kapitel2Beispiele.David` lauten. Wozu das nützlich ist werden wir später noch sehen, für den Moment ist es nicht weiter von Bedeutung.

In der nächsten Zeile sehen wir eine einzelne, öffnende geschweifte Klammer. Hier wird es nun erstmals interessant: geschweifte Klammern treten in C# immer paarweise auf und kennzeichnen einen zusammengehörenden Codeblock. Die zugehörige schließende Klammer findet sich in der letzten Zeile des Programmcodes. Die beiden Klammern kennzeichnen also einen zusammengehörenden Codeblock: alles was sich innerhalb der beiden Klammern befindet, gehört zu dem Codeblock. Innerhalb eines Codeblockes kann es wiederum kleinere, zusammengehörende Codeblöcke geben, die abermals durch ein Klammerpaar gekennzeichnet werden (was ja in der Datei auch der Fall ist).

Doch wozu ist das nützlich? Nun, der Codeblock bezieht sich immer auf die direkt davor getätigte Definition. Direkt vor dem Codeblock hatten wir ja den Namensraum definiert und dieser Namensraum bezieht sich demnach auf den nachfolgenden Codeblock. Bei allen Namen, die wir innerhalb dieses Codeblockes vergeben wird also (automatisch) der Namensraum vorangestellt.

Nun geht es weiter. In der nächsten Zeile finden wir eine Anweisung, die mit dem Schlüsselwort `class` beginnt. Mit diesem Schlüsselwort werden sogenannte Klassen (das Herzstück der Objektorientierung) erzeugt. Auch Klassen werden wir später noch ausführlich kennen lernen. Machen Sie sich darüber zunächst noch keine Gedanken. Alles, was hier wichtig ist: dieser Klasse geben wir den Namen `Program`. Da sich die Klasse innerhalb des zuvor festgelegten Namensraumes `Kapitel2Beispiele` befindet, lautet der vollständige Name der Klasse also `Kapitel2Beispiele.Program`.

Danach folgt wieder ein Paar von geschweiften Klammern: alles, was sich innerhalb dieses Klammerpaares befindet gehört demnach zur Klasse `Program`.

Jetzt finden wir ein etwas komplizierteres Konstrukt: `static void Main(string[] args)`. Hierbei handelt es sich um die sogenannte Hauptfunktion der Klasse `Program`. Auch hierzu gilt abermals: Funktionen werden wir später noch ausführlich betrachten. Für den Moment brauchen uns die Details nicht weiter zu interessieren. Wichtig ist hier nur: nach der Deklaration des zuvor genannten Code-Konstruktes finden wir abermals ein Paar von geschweiften Klammern. Und innerhalb dieses Klammerpaares befindet sich der tatsächliche Inhalt der Hauptfunktion. Der Sinn der Hauptfunktion ist der folgende: wenn das Programm gestartet wird, werden die Anweisungen, die sich in der Hauptfunktionen befinden, ausgeführt. Nachdem alle Anweisungen ausgeführt wurden, beendet sich das Programm automatisch.

Alles, was wir bisher gesehen haben dient also genau einem Zweck: gewissermaßen einen Rahmen für die Ausführung eines Programms zu schaffen. Jedes Programm benötigt genau eine Hauptfunktion, die ausgeführt wird, sobald das Programm gestartet wird.

Was wir hier vor uns sehen ist also tatsächlich schon ein vollständiges Programm, das wir ausführen können. Wir können das Programm starten durch Drücken der Tastenkombination `Strg + F5`. Dadurch wird zunächst der Compiler ausgeführt, der den Quellcode in Maschinencode übersetzt. Danach wird der so erzeugte Maschinencode direkt ausgeführt, das Programm also gestartet.

Wenn wir `Strg + F5` drücken, sollte in der unteren Statusleiste von Visual Studio kurz die Meldung „Erstellen wurde gestartet..." erscheinen und danach „Erstellen erfolgreich". Zudem öffnet sich ein Fenster der Windows-Eingabeaufforderung (der sogenannten Konsole). Wir werden zunächst nur Konsolenanwendungen erstellen, d.h. die Programme werden über die Windows-Eingabeaufforderung gestartet. Konsolenprogramme können Ausgaben machen, die dann als Text in der Eingabeaufforderung angezeigt werden.

Wenn wir unser Programm starten, wird also von Visual Studio automatisch eine Eingabeaufforderung geöffnet und das Programm dort ausgeführt. In unserem Fall sehen wir dort lediglich die Meldung „Drücken Sie eine beliebige Taste ...". Kommen wir der Aufforderung nach, verschwindet das Fenster.

Was hat das zu bedeuten? Nun, zunächst einmal hat unsere Hauptfunktion ja noch keinerlei Inhalt, keinerlei Anweisungen, die der Computer ausführen könnte. Das Programm wird also gestartet und da es keine Anweisungen zum Ausführen gibt, wird es auch direkt schon wieder beendet (man sagt dazu: das Programm terminiert).

Wenn ein Programm beendet wird, verschwindet normalerweise die Eingabeaufforderung auch wieder. Visual Studio greift uns hier unter die Arme, indem das Fenster erst dann geschlossen wird, wenn man (nachdem das Programm terminiert ist) eine beliebige Taste gedrückt hat. Das Programm könnte ja auch irgendwelche Ausgaben machen (also Text in die Eingabeaufforderung schreiben), den wir aber vermutlich nicht wahrnehmen können, wenn das Programm direkt wieder beendet wird. Daher wird das Fenster erst geschlossen, nachdem wir eine Taste gedrückt haben. Da in unserem Fall das Programm selbst keine Ausgabe getätigt hat, ist die Aufforderung, eine Taste zu drücken, der einzige Text, den wir innerhalb der Eingabeaufforderung sehen.

2.2 Hallo Welt

Jetzt erweitern wir dieses automatisch generierte Programm so, dass es auch tatsächlich etwas tut. Fügen Sie in der Hauptfunktion eine einzelne Codezeile ein:

```
Console.WriteLine("Hallo Welt");
```

Die komplette Quelltext-Datei sollte dann wie folgt aussehen:

```
using System;
using System.Collections.Generic;
using System.Linq;
using System.Text;
using System.Threading.Tasks;

namespace Kapitel2Beispiele
{
    class Program
    {
        static void Main(string[] args)
        {
            Console.WriteLine("Hallo Welt");
        }
    }
}
```

Wenn Sie nun wieder Strg + F5 drücken, erscheint im sich öffnenden Konsolenfenster der Schriftzug *Hallo Welt*, gefolgt von der bereits bekannten Aufforderung zum Drücken einer Taste. Die Codezeile, die wir in die Hauptfunktion eingefügt haben, hat also bewirkt, dass der angegebene Text auf der Konsole angezeigt wird.

Wir haben damit nun eine erste Anweisung in der Programmiersprache C# kennen gelernt. Durch den Aufruf von

```
Console.WriteLine("Beliebiger Text");
```

kann beliebiger Text über die Konsole ausgegeben werden.

2.3 Kernelemente der Programmiersprache C#

Nachdem wir jetzt das erste sehr einfache Beispiel eines Programms in C# gesehen haben, wollen wir uns zunächst einmal etwas genauer klarmachen, was ein Programm überhaupt ist.

Wie wir zuvor schon erfahren haben, ist ein C#-Programm anzusehen als eine Reihe von Anweisungen, die vom Prozessor des Computers nacheinander ausgeführt werden. Sind alle Anweisungen abgearbeitet, terminiert das Programm. Im vorherigen Beispiel bestand das Programm also nur aus einer Anweisung. Nachdem die Anweisung ausgeführt war (d.h. der gewünschte Text auf der Konsole ausgegeben wurde) wird das Programm automatisch beendet.

2.3.1 Variablen

In der Regel zielen Programme darauf ab, Änderungen an Variablen durchzuführen. Eine Variable ist dabei einfach eine Speichereinheit im Speicher des Computers, in die man Werte schreiben kann. Im einfachsten Fall beinhaltet eine Variable z.B. eine Ganzzahl. Eine solche Variable können wir nun auf verschiedene Arten „manipulieren", z.B. indem wir eine Summe mit einer anderen Ganzzahl bilden, eine Multiplikation ausführen oder eine sonstige arithmetische Operation ausführen.

Eine Variable hat immer einen bestimmten Typ, der bei der Erstellung der Variable angegeben werden muss. Der Typ einer Variable legt fest, welche Art von Werten in der Variable gespeichert werden können. Neben Ganzzahlen sind z.B. noch Fließkommazahlen, Zeichenketten oder selbst definierte Typen möglich.

Zudem muss man einer Variable bei der Erstellung einen beliebigen Namen geben. Mit diesem Namen kann man die Variable später wieder ansprechen (z.B. wenn man sie in einer Operation benutzen möchte). Der Name der Variable muss eindeutig sein, d.h. Sie können innerhalb eines Codeblockes nicht zwei Variablen mit demselben Namen haben.

Was bedeutet hierbei „innerhalb eines Codeblockes"? Nun, wie wir im vorherigen Abschnitt gesehen haben, werden zusammengehörige Codeblöcke immer durch ein Paar von geschweiften Klammern signalisiert. Innerhalb jedes solchen zusammengehörigen Codeblockes müssen alle Namen von Variablen eindeutig sein.

Das Anlegen einer Variable ist in C# sehr einfach, es erfolgt nach folgendem Muster:

```
Typ Name_der_Variable;
```

Zunächst wird also der Typ der Variablen angegeben, danach folgt der Name. Der Name kann mit wenigen Einschränkungen frei gewählt werden (z.B. muss ein Variablenname immer mit einem Buchstaben oder einem Unterstrich beginnen). Sie sollten dennoch darauf achten, die Namen für Ihre Variablen immer sinnvoll zu wählen. Ein guter Variablenname ist ein solcher, aus dem man den Zweck der Variable bereits ablesen kann. Schlecht sind dagegen generische Namen, also z.B. variable1, arg2 oder gz57.

Abgeschlossen wird ein solches Statement durch eine Semikolon (;). Generell wird das Semikolon immer verwendet, um einzelne Instruktionen abzuschließen. Wir werden im Verlauf dieses Tutorials noch sehr viele Instruktionen kennen lernen, die immer mit einem Semikolon abgeschlossen werden.

Jetzt wissen wir, wie wir den Namen wählen können, aber was für Typen wir konkret benutzen können, noch nicht. In C# gibt es bereits einige Basistypen, die oft Verwendung finden, z.B. Typen für Ganzzahlen oder Zeichenketten. Um eine Ganzzahl in einer Variable speichern zu können, gibt es den Typ int. Das ist die Abkürzung für das englische Wort *Integer*, was wiederum Ganzzahl bedeutet.

Eine Variable, in der wir später eine Ganzzahl speichern können, lässt sich also mit folgender Anweisung erzeugen:

```
int summand1;
```

Mit dieser Anweisung haben wir eine Variable mit dem Namen summand1 erzeugt, in der man eine Ganzzahl speichern kann. Diesen Vorgang nennt man Deklaration einer Variable. Die Variable wird erzeugt (d.h. es wird irgendwo im Speicher des Computers ein Platz geschaffen, an dem man genau eine ganze Zahl speichern kann), es wird aber noch kein Wert in der Variablen gespeichert.

Das Speichern eines Wertes in einer Variable nennt man Zuweisung. Der Variablen wird also ein Wert zugewiesen. Zuweisungen erfolgen in C# nach folgendem Muster:

```
Name_der_Variable = <Ausdruck>;
```

Aber was bedeutet <Ausdruck> hier? Nun, im einfachsten Fall ist ein Ausdruck einfach ein Wert (z.B. 3). Ein Ausdruck kann aber auch eine komplexe Berechnung sein. Als Ausdruck ist alles möglich, was letztendlich zu dem Typ der Variablen, die zugewiesen wird, auswertet.

Was heißt das? Nun, wenn wir die Zuweisung für int-Variablen vornehmen wollen, können wir auch einen komplexeren Ausdruck verwenden, der letztendlich zu einem int-Wert evaluiert. Statt den Wert direkt anzugeben, können wir also z.B. auch eine Berechnung durchführen (beispielsweise $4 + 9$, $6 * 7$, summand1 + summand2, usw). Wir können innerhalb eines solchen Ausdrucks also auch den Namen von anderen Variablen verwenden. Die Berechnung wird dann mit dem Wert durchgeführt, der in der anderen Variablen gespeichert ist.

Unsere Variable summand1 können wir also auf folgende Weise mit einem Wert belegen:

```
summand1 = 3;
summand1 = summand1 + 5;
```

Hier wird summand1 zunächst mit dem Wert 3 belegt. Danach wird eine erneute Zuweisung vorgenommen, dabei wird der Wert der Variable summand1 zunächst ausgelesen (dieser ist zu diesem Zeitpunkt 3) und danach der Wert 5 addiert. Letztendlich wird die Variable summand1 also den Wert 8 speichern.

Deklaration und Zuweisung sind sehr häufige Instruktionen in C#-Programmen. Da man oft Variablen erzeugt und diese direkt mit einem Wert belegen möchte, lassen sich Deklaration und Zuweisung zu einer einzelnen Anweisung kombinieren.

```
Typ Name_der_Variable = <Ausdruck>;
```

In unserem Beispiel mit der int-Variable summand1 sähe das demnach folgendermaßen aus:

```
int summand1 = 3;
```

2.3.2 Funktionen / Methoden

Ein weiterer integraler Bestandteil von C# sind die Funktionen. Funktionen können Sie sich zunächst vorstellen wie diese, die Sie eventuell noch aus dem Mathematikunterricht in der Schule kennen. Dort sprach man z.B. von $f(x) = 2x$, wenn man eine Funktion f erstellen wollte, die jeder Zahl den doppelten Wert zuordnen soll.

Funktionen in C# sind aber viel flexibler: sie können beliebige Parameter erhalten (also z.B. auch mehrere Parameter, Parameter von unterschiedlichen Typen, z.B. Gleitkommazahlen und Zeichenketten) sowie beliebige Rückgabewerte.

Tatsächlich muss eine Funktion noch nicht einmal einen Rückgabewert beinhalten. Doch was wäre dann der Sinn einer Funktion, wenn sie schlussendlich gar kein Ergebnis liefert? Um dies zu verstehen, müssen wir uns jetzt das erste Mal mit dem Paradigma **Objektorientierte Programmierung** befassen.

Die Idee hinter der Objektorientierten Programmierung ist es, Programme mit Hilfe von autonomen Objekten zu modellieren, die miteinander interagieren. Autonom bedeutet in diesem Zusammenhang in etwa, das ein Objekt grundsätzlich allein „lebensfähig" ist, d.h. dass es ohne weitere Hilfe von außen so funktioniert, wie es funktionieren soll.

Verdeutlichen wollen wir das mit Hilfe eines konkreten Beispieles. Unser Objekt soll nun eine Kaffeemaschine sein. Die Kaffeemaschine ist ein technisch gesehen hochkomplexes Objekt. Für uns als Benutzer ist es dagegen nicht ersichtlich, wie genau die Kaffeemaschine funktioniert, die Details sind uns nicht bekannt. Wir kennen nur die gewöhnlichen Funktionen, die ein solches Gerät hat, z.B. *spülen*, *Wasser aufbrühen* oder *Cappuccino zubereiten*. Die Kaffeemaschine arbeitet also gewissermaßen autonom. Wir als Benutzer können mit dem Gerät interagieren, indem wir diese Funktionen in Gang setzen oder den fertig zubereiteten Kaffee entnehmen und diesen dann weiter „verarbeiten" (in diesem Fall also trinken).

Und genau das ist auch das Grundprinzip bei der Objektorientierten Programmierung. Wir haben Objekte und diese Objekte haben bestimmte Funktionen. Eine Funktion ist also immer an ein Objekt gebunden. Eine Funktion kann, wie eine mathematische Funktion, ein Ergebnis liefern. Im Fall der Kaffeemaschine wäre das von der Funktion *Cappuccino zubereiten* gelieferte Ergebnis also der fertig zubereitete Cappuccino. Andere Funktionen dagegen liefern kein explizites Ergebnis, sondern nehmen nur Änderungen am zu Grunde liegenden Objekt vor. Beim Beispiel unserer Kaffeemaschine wäre das z.B. die Funktion *spülen*: diese würde kein direktes Ergebnis liefern (wie die Funktion *Cappuccino zubereiten*), sondern Sie würde nur den Zustand der Kaffeemaschine ändern (also indem Sie durch den Spülvorgang die Maschine von Kaffeerückständen säubert).

In der C#-Fachsprache nennen wir die Funktionen *Methoden*. Ein C#-Objekt hat also verschiedene Methoden.

Wie wir selbst Objekte erstellen können, werden wir später noch sehen. Zunächst interessieren wir uns aber dafür, wie wir Objekte benutzen können. Tatsächlich ist es nämlich so, dass C# bereits eine gewisse „Grundausstattung" besitzt, es also schon einige nützliche Objekte gibt, die wir direkt verwenden können. Der Aufruf einer Funktion erfolgt nach dem folgenden Schema:

```
Object.Methode(<Liste_der_Parameter>);
```

Einen Beispiel für einen Methodenaufruf haben wir übrigens im vorherigen Abschnitt bereits gesehen:

```
Console.WriteLine("Hallo Welt");
```

Wir haben in diesem Fall also ein Objekt namens `Console`. Sinnigerweise repräsentiert dieses Objekt das Konsolenfenster. Und das Konsolen-Objekt besitzt eine Methode (Funktion), mit der man Text auf der Konsole ausgeben kann. In diesem Fall heißt die Methode `WriteLine`. Als Parameter erhält die Methode eine einzelne Zeichenkette. Zeichenketten werden in C# begrenzt durch (paarige) Anführungszeichen, die eigentliche Zeichenkette befindet sich innerhalb der Anführungszeichen. Bei Methoden, die mehrere Parameter erhalten, werden die einzelnen Parameter durch Kommata getrennt.

Möglicherweise fragen Sie sich jetzt, wo das `Console`-Objekt im *Hallo Welt*-Beispiel überhaupt herkommt. Hier machen sich zum ersten Mal die `using`-Direktiven, die am Anfang der Quelltext-Datei stehen, bemerkbar. Über

```
using System;
```

werden einige wichtige Objekte der C#-Grundausstattung in die Datei eingebunden. Darunter befindet sich auch das `Console`-Objekt, das wir zur Ausgabe des Textes genutzt haben.

2.4 Ein zweites Programm

Das bisher gelernte setzen wir nun zu einem weiteren Programm zusammen. Statt nur eine einzelne Ausgabe zu machen, wie im *Hallo Welt*-Programm, wollen wir jetzt eine Berechnung durchführen und das Ergebnis der Berechnung über die Konsole ausgeben lassen.

Wir ändern dazu lediglich den Inhalt der Hauptfunktion unseres Programms, die restlichen Codezeilen bleiben erhalten.

```csharp
using System;
using System.Collections.Generic;
using System.Linq;
using System.Text;
using System.Threading.Tasks;

namespace Kapitel2Beispiele
{
    class Program
    {
        static void Main(string[] args)
        {
            int summand1 = 3;
            int summand2 = 13;
            int ergebnis = summand1 + summand2;
            Console.WriteLine(ergebnis);
        }
    }
}
```

Wir wenden hier die zuvor erlernten Techniken an. Zunächst erzeugen wir zwei Variablen summand1 und summand2, denen wir direkt bei der Erzeugung Werte zuweisen. Danach erzeugen wir eine dritte Variable, ergebnis, der wir die Summe aus summand1 und summand2 zuweisen. Schließlich rufen wir die bereits bekannte Methode WriteLine des Console-Objektes auf, um das Ergebnis unserer Berechnung auf der Konsole anzeigen zu lassen.

Mittels Strg + F5 können wir das Programm nun abermals starten. Im sich öffnenden Konsolen-Fenster sollten wir also die Zahl 16 als Ergebnis der Berechnung 3 + 13 vorfinden.

Bei den bisherigen beiden Programmen haben wir im Quelltext immer den gesamten Programmcode gezeigt. In den weiteren Kapiteln werden wir den Quelltext auf die wirklich entscheidenden Stellen beschränken, also diese, in denen wir etwas neues lernen. Zum Beispiel werden wir dann nur den Code der Hauptfunktion zeigen und auf die Anzeige des umschließenden Klassenrahmens verzichten.

Sie brauchen den Quelltext auch nicht mühevoll manuell abzutippen. In den Begleitmaterialien zum Buch in Kapitel 16 können Sie den gesamten Beispielcode, der im Tutorial verwendet wird, herunter laden. Sie finden dort auch eine Anleitung, wie Sie den Code in Visual Studio importieren können. Der zum Download bereitgestellte Code ist natürlich auch vollständig und lauffähig, d.h. auch die Codeteile, die wir in der Darstellung innerhalb der einzelnen Kapitel auslassen, sind dort enthalten.

2.5 Kommentare

In Quellcode-Dateien können wir auch sogenannte *Kommentare* einfügen. Kommentare werden vom Compiler ignoriert, d.h. Kommentare haben keine Auswirkung auf die Ausführung eines Programms. Sie werden daher von Programmierern dafür verwendet, dem Code Anmerkungen in natürlicher Sprache hinzuzufügen, z.B. um bestimmte Codestellen genauer zu erklären.

Kommentare können erstellt werden durch die Nutzung eines doppelten Slashs: //. Alles was in dieser Zeile folgt wird als Kommentar gewertet und damit vom Compiler ignoriert. Möchte man einen Kommentar schreiben, der über mehrere Zeilen geht, muss man also jede Zeile mit dem doppelten Slash einleiten. Alternativ kann man auch einen sogenannten mehrzeiligen Kommentar schreiben. Dieser wird durch die Zeichenfolge /* eingeleitet und durch die Zeichenfolge */ beendet. Alles was sich dazwischen befindet wird dann als Kommentar gewertet und vom Compiler ignoriert.

```
// Das ist ein einzeiliger Kommentar
// Das ist ein weiterer einzeiliger Kommentar
/* Das ist dagegen
   ein mehrzeiliger Kommentar */
```

Wir werden Kommentare gelegentlich innerhalb unserer Code-Listings verwenden, um die Codestellen genauer zu erklären.

3 Ablaufsteuerung in C#

Im vorherigen Kapitel haben wir erste, sehr rudimentäre Beispiele für C#-Programme gesehen. Hierbei bestand der Programmablauf immer genau aus der vorgegebenen Abfolge von Instruktionen, die der Reihe nach abgearbeitet werden. Um komplexe Programme erstellen zu können, benötigen wir jedoch mehr Möglichkeiten, den Programmablauf zu strukturieren. Wir wollen z.B. bestimmte Codeabschnitte unter Umständen überspringen und wir wollen die Möglichkeit haben, Codeabschnitte mehrmals auszuführen.

Die Werkzeuge, die dies ermöglichen, werden wir in diesem Kapitel kennen lernen.

3.1 Bedingungen

Bedingungen ermöglichen es uns, bestimmte Codeabschnitte unter Umständen zu überspringen. Wir können damit den Programmablauf verzweigen, d.h. bei unterschiedlichen Vorbedingungen kann das Programm jeweils einen anderen Ablauf nehmen.

Stellen Sie sich zum Beispiel ein Programm vor, das den Zugriff auf nicht jugendfreie Videos verwaltet. Ein solches Programm wird zunächst das Alter des Benutzers bestimmen. Je nach Alter wird das Programm dann entweder die Videos bereit stellen oder aber einen Hinweis darauf geben, dass die Videos für einen Nutzer mit dem angegebenen Alter nicht geeignet sind. Je nach Vorbedingung kann das Programm also sehr unterschiedliche Abläufe nehmen.

In C# gibt es das sogenannte *if-else-Konstrukt*, um eine solche Ablaufsteuerung zu ermöglichen. Das if-else-Konstrukt wird nach der folgenden allgemeinen Syntax realisiert:

```
if (<Bedingung>)
{
  <Anweisung 1>;
  <Anweisung 2>;
  ...
}
else
{
  <Anweisung 3>;
  <Anweisung 4>;
  ...
}
```

Wir finden hier zwei Codeblöcke vor, die jeweils mit einem Paar von geschweiften Klammern abgegrenzt werden. Tatsächlich können innerhalb der Codeblöcke wiederum beliebig viele Anweisungen geschachtelt werden.

Zu Beginn findet sich eine „Bedingung". Was eine Bedingung genau ist, werden wir gleich noch sehen. Zunächst jedoch zum konkreten Ablauf eines solches Konstruktes: zu Beginn wird die Bedingung geprüft, die sich nach dem einleitenden if innerhalb der runden Klammern befindet. Ist die Bedingung erfüllt, wird danach der gesamte erste Codeblock ausgeführt (also die Anweisungen 1, 2, ...). Der Codeblock, der hinter dem else-Teil folgt, wird dagegen in diesem Fall übersprungen. Ist dagegen die einleitende Bedingung nicht erfüllt, so wird der erste Codeblock übersprungen und ausschließlich der zweite Codeblock (also die Anweisungen 3, 4, ...) ausgeführt.

Der else-Teil ist übrigens optional. Eine if-Anweisung benötigt nicht zwingend einen else-Teil. Sofern keine else-Klausel vorhanden ist wird bei Nichterfüllung der Bedingung einfach das komplette Konstrukt übersprungen und der Ablauf des Programmes wird mit der ersten Anweisung nach dem kompletten if-Konstrukt fortgesetzt.

Möglichkeiten, Bedingungen zu formulieren gibt es in C# sehr viele. Oft werden dabei die sogenannten Vergleichsoperatoren eingesetzt. Diese sind <, <=, ==, !=, >= und < (kleiner, kleiner gleich, gleich, ungleich, größer gleich und größer). Mit Hilfe dieser Operatoren können so Bedingungen formuliert werden, die auf gewöhnlichen Zahlen operieren.

Beispiele für Bedingungen wären z.B.

- 5 >= 8
  Es wird geprüft, ob 5 größer oder gleich 8 ist. Da dies nicht der Fall ist, ist die Bedingung nicht erfüllt.

- summand2 < 9
  Es wird geprüft, ob eine Variable summand2 kleiner als 9 ist. Ob dies der Fall ist, hängt natürlich vom konkreten Wert, der in der Variablen summand2 gespeichert ist, ab. Je nach Belegung dieser Variablen kann das Programm demnach unterschiedliche Abläufe nehmen.

- 3 * summand1 != summand2 / 7
  Es wird geprüft, ob das Produkt aus summand1 und 3 ungleich dem Ergebnis der Division von summand2 durch 7 ist. Ob dies der Fall ist, hängt abermals von den Werten, die in den Variablen gespeichert sind, ab. Sie sehen hierbei, dass Sie auch andere arithmetische Operatoren sehr intuitiv nutzen können. Der Stern wird zur Berechnung einer Multiplikation genutzt, der einfache Slash zur Durchführung einer Division.

Um zu unserem einleitenden Beispiel zurück zu kommen: die Realisierung einer Altersprüfung könnte (natürlich sehr stark vereinfacht) folgendermaßen aussehen:

```
int alter = 17;

if (alter >= 18)
{
  Console.WriteLine("Sie erhalten Zugriff auf "+
                    "unsere Video-Bibliothek");
  ...
}
else
{
  Console.WriteLine("Leider koennen wir Ihnen unseren "+
                    "Service nicht anbieten");
}
```

Zunächst wird das Alter geprüft und in einer Variable alter gespeichert. In unserem Fall haben wir das vereinfacht und geben einfach ein Alter direkt im Quellcode an. In der Realität würde man an dieser Stelle eine tatsächliche Prüfung vornehmen, z.B. durch Prüfung der Ausweisnummer.

Wenn das Alter 18 oder mehr beträgt, geben wir dem Benutzer Zugriff auf die Video-Bibliothek (im Beispiel wird nicht tatsächlich eine Video-Bibliothek bereit gestellt, sondern nur ein entsprechender Hinweis auf der Konsole ausgegeben). Hat der Nutzer dagegen nicht das Mindestalter von 18 Jahren, wird ihm der Zugriff verweigert und er erhält eine entsprechende Mitteilung.

3.2 Schleifen

Mit Schleifen können wir den Ablauf eines Programms so beeinflussen, dass ein Codeblock mehrfach ausgeführt wird. Auch hierbei kann ein Programm wieder sehr unterschiedliche Abläufe nehmen: in einem Fall wird ein Codeblock möglicherweise gar nicht ausgeführt, in einem anderen Fall zwei mal und in einem weiteren Fall fünf mal.

Wie oft ein Codeblock einer Schleife ausgeführt wird, wird abermals mit einer Bedingung festgelegt. Anders als bei dem `if-else`-Konstrukt, das wir aus dem vorherigen Abschnitt bereits kennen, wird die Bedingung jedoch nicht nur einmal geprüft, sondern mehrfach. Die Idee dahinter ist relativ simpel: ein Codeblock wird so lange ausgeführt, wie eine Bedingung erfüllt ist. Sobald die Bedingung nicht mehr erfüllt ist, wird der Codeblock kein weiteres Mal durchgeführt.

3.2.1 while-Schleife

Es gibt in C# verschiedene Arten von Schleifen, wir werden hier nur die `while`-Schleife und die `for`-Schleife behandeln. Wir beginnen mit der einfachsten Schleife, der `while`-Schleife. Bei dieser wird einfach nur eine Bedingung geprüft und der *Schleifenrumpf* (d.h. der Codeblock, der der Bedingung folgt) so lange ausgeführt, wie die Bedingung erfüllt ist.

Die allgemeine Syntax der `while`-Schleife ist wie folgt:

```
while (<Bedingung>)
{
  <Anweisung 1>;
  <Anweisung 2>;
  ...
}
```

Der Ablauf einer solchen Schleife ist wie folgt: zunächst wird die Bedingung geprüft. Ist die Bedingung erfüllt, wird der nachfolgende Codeblock ausgeführt. Danach wird die Bedingung erneut geprüft. Ist sie immer noch erfüllt, wird auch der Codeblock ein weiteres Mal ausgeführt. Dies geschieht so lange, bis die Bedingung nicht mehr erfüllt ist. Danach terminiert die Schleife (d.h. der Programmablauf wird mit der ersten Zeile nach dem kompletten Schleifen-Konstrukt fortgesetzt).

Eine relativ oft vorkommende Anwendung einer Schleife ist es, wenn man einen Codeblock für eine genau definierte Anzahl von Durchgängen ausführen will. In diesem Fall legt man eine *Zählvariable* an, die mitzählt, wie oft der Schleifenrumpf schon durchlaufen wurde. In der Bedingung wird geprüft, ob die Zählvariable den festgelegten Schwellwert bereits erreicht hat.

Ein Programm, das 10 mal den Text **Hallo Welt** auf der Konsole ausgibt, lässt sich also folgendermaßen mit Hilfe einer while-Schleife realisieren:

```
int zaehler = 0;
while (zaehler < 10)
{
  Console.WriteLine("Hallo Welt");
  zaehler = zaehler + 1;
}
```

Die Zählvariable wird zunächst mit dem Wert 0 initialisiert. Die Bedingung der Schleife prüft, ob die Zählvariable noch kleiner als 10 ist. So lange das der Fall ist, wird der Schleifenrumpf ausgeführt, sobald die Zählvariable 10 erreicht, wird die Ausführung der Schleife jedoch eingestellt.

Im Rumpf wird dann zunächst die Ausgabe auf der Konsole getätigt und danach die Zählvariable um 1 vergrößert. Der Rumpf wird damit genau 10 mal ausgeführt, da die Zählvariable beim zehten Durchlauf den Wert 10 erreicht und bei der nachfolgenden Prüfung die Bedingung nicht mehr erfüllt ist.

3.2.2 for-Schleife

Der zuvor beschriebene Fall mit einer dedizierten Zählvariable kommt beim Programmieren recht häufig vor. Die `for`-Schleife ist der `while`-Schleife relativ ähnlich, allerdings kann dort die Zählvariable direkt in die Schleife integriert werden. Daher werden in den Fällen, in denen es eine Zählvariable gibt, meistens `for`-Schleifen benutzt.

Die allgemeine Syntax der `for`-Schleife ist die folgende:

```
for (<Initialisierung>; <Bedingung>; <Inkrement>)
{
  <Anweisung 1>;
  <Anweisung 2>;
  ...
}
```

Im „Header" der for-Schleife findet sich nun nicht nur die Bedingung, sondern darüber hinaus noch ein sogenannter Initialisierungsteil und ein Inkrement-Teil. Der Initialisierungsteil wird dabei genau einmal ganz zu Beginn durchgeführt. Diesen verwendet man z.B. dafür, die Zählvariable zu erstellen und zu initialisieren. Der Inkrementteil wird automatisch nach jedem Durchlauf des Schleifenrumpfes ausgeführt. Man kann diesen daher dazu verwenden, die Zählvariable entsprechend anzupassen. Das Vergrößern einer Variable um den Wert 1 nennt man auch Inkrementieren, daher nennen wir diesen Teil des Schleifen-Headers den Inkrement-Teil: weil hier in der Regel die Zählvariable inkrementiert wird.

Das gleiche Beispiel, das wir zuvor für die `while`-Schleife gesehen haben, lässt sich wie folgt über eine `for`-Schleife realisieren:

```
for (int zaehler = 0; zaehler < 10; zaehler = zaehler + 1)
{
  Console.WriteLine("Hallo Welt");
}
```

Der Vorteil liegt darin, dass wir hier die Logik der Zählvariable nicht mit unserem eigentlichen Code vermischen müssen, sondern den Code für die Zählvariable komplett in den Header der Schleife verlagern können.

Nun noch einige Hinweise zu Schleifen: zum einen hat es sich eingebürgert, für Zählvariablen sehr kurze und einfache Namen wie i oder j zu verwenden. Zuvor hatten wir gesagt, dass generische Namen für Variablen zu vermeiden sind, dass man stattdessen Namen wählen sollte, die den Zweck einer Variable erkennen lassen. Dies ist eine Ausnahme hierfür, die Verwendung von Namen wie i oder j für Zählvariablen ist so gebräuchlich, dass man von dem Namen direkt ableiten kann, dass es sich um Zählvariablen handelt.

Das Inkrementieren von Variablen ist ebenfalls eine so häufige Tätigkeit, dass in die Programmiersprache C# (übrigens ebenso wie in viele andere Programmiersprachen) eine Abkürzung hierfür eingebaut ist. Um eine Variable i um 1 zu vergrößern, schreibt man deshalb kurz

```
i++
```

```
statt i = i + 1
```

Analog funktioniert das auch mit -- um eine Variable um 1 zu verkleinern (man nennt das Dekrementieren).

Im übrigen können wir die Zählvariable auch innerhalb des Schleifenrumpfes verwenden. Man kann dies z.B. nutzen, um Summen zu berechnen. Eine Schleife, die die Summe der Zahlen von 1 bis 10 (also $1 + 2 + 3 + ... + 9 + 10$) berechnet wird folgendermaßen realisiert:

```
int summe = 0;
for (int i = 1; i <= 10; i++)
{
  summe = summe + i;
}
Console.WriteLine("Die Summe lautet " + summe);
```

Hier legen wir zunächst eine Summenvariable an, in der wir die Summe speichern wollen. Nun erzeugen wir eine for-Schleife. Wir verwenden eine Zählvariable i, diese initialisieren wir mit dem Wert 1. In der Bedingung wird geprüft, ob die Zählvariable kleiner oder gleich 10 ist. Im Inkrement-Teil der Schleife wird die Zählvariable inkrementiert. Im Rumpf der Schleife addieren wir lediglich den aktuellen Wert der Zählvariable zu unserer Summenvariable.

Wir wollen den konkreten Ablauf der Schleife jetzt einmal im Detail durchgehen.

1. Zu Beginn wird die Zählvariable i mit 1 initialisiert. Die nachfolgende Prüfung der Bedingung i <= 10 ist erfolgreich, da i gleich 1 ist. Daher wird der Rumpf ausgeführt.

2. Es wird zunächst die Summe berechnet aus summe (die Variable hat den Wert 0) und i (1). Das Ergebnis (1) dieser Addition wird nun in der Variable summe gespeichert.

3. Damit ist der erste Durchlauf der Schleife bereits beendet und der Inkrement-Teil wird ausgeführt, d.h. die Zählvariable i wird um 1 vergrößert und hat nun den Wert 2.

4. Die Prüfung der Bedingung ist weiterhin erfolgreich, da i gleich 2 ist und damit immer noch kleiner oder gleich 10. Damit wird der Schleifenrumpf ein weiteres Mal ausgeführt.

5. Im Schleifenrumpf wird nun wieder die Summe berechnet aus der Variable summe (1) und der Variable i (2). Das Ergebnis 3 wird demnach in der Variable summe gespeichert.

6. Abermals wird die Zählvariable i inkrementiert und hat nun den Wert 3.

7. Das geht nun so weiter, bis die Zählvariable i den Wert 10 hat. In diesem Fall wird der Rumpf noch ein letztes Mal ausgeführt. Bei der nachfolgenden Inkrementierung der Zählvariable i erhält diese nun aber den Wert 11. Damit schlägt die Prüfung der Bedingung fehl und die Schleife terminiert letztendlich.

4 Integrierte Datentypen

Wir haben in den vorherigen Kapiteln bereits den Datentyp `int` für Ganzzahlen kennen gelernt. Tatsächlich stellt C# bereits eine Reihe von Datentypen bereit, die wir direkt verwenden können. Die integrierten Datentypen können wir in die folgenden Kategorien einteilen: Wahrheitswerte, ganzzahlige Werte, Gleitkommazahlen sowie Zeichen bzw. Zeichenketten.

4.1 Wahrheitswerte

Wahrheitswerte können in C# mit dem Datentyp `bool` dargestellt werden. Der Datentyp `bool` kennt nur zwei mögliche Werte: `true` und `false`. Implizit haben wir den Datentyp `bool` bereits zuvor verwendet, nämlich bei den Bedingungen für das `if-else`-Konstrukt und den Schleifen.

Eine Variable vom Typ bool können wir dazu verwenden, um das Resultat einer Bedingungsprüfung zu speichern:

```
bool b = 5 > 6;
```

Im Beispiel hätte die Variable b nun den Wert false, da 5 nicht größer als 6 ist. Wir können einer boolschen Variable auch direkt einen der Werte true oder false zuweisen oder innerhalb der Bedingung auf andere Variablen zugreifen.

```
bool b1 = false;

int a = 10;
bool b2 = a < 25;
```

Im Beispiel hätte die Variable b2 den Wert `true`, da die Variable a den Wert 10 enthält und dieser kleiner als 25 ist.

4.2 Ganzzahlige Werte

Datentyp	Wertebereich	Beispiel
sbyte	-128 bis 127	12
short	-32768 bis 32767	30000
int	-2147483648 bis 2147483647	-200000
long	-9223372036854775808 bis 9223372036854775807	4147483648
byte	0 bis 255	200
ushort	0 bis 65535	40000
uint	0 bis 4294967295	4000000000
ulong	0 bis 18446744073709551615	4147483648

In C# existieren verschiedene Typen, mit denen man ganzzahlige Werte abspeichern kann. Diese Typen unterscheiden sich in ihrem Wertebereich. Typen mit kleinerem Wertebereich verbrauchen daher weniger Speicher als Typen mit einem größeren Wertebereich. Um möglichst speicherplatz-effiziente Programme zu schreiben, sollten wir immer den kleinstmöglichen Typ wählen, der den für den konkreten Zweck benötigten Bereich abdeckt.

Am häufigsten werden `int`-Variablen verwendet, weil der Wertebereich von unter -2 Milliarden bis über +2 Milliarden die meisten Anwendungsfälle abdeckt. Mit `long` können dagegen noch einmal sehr viel größere Ganzzahlen dargestellt werden.

Zusätzlich gibt es noch die sogenannten `unsigned`-Datentypen. Die Namen dieser Datentypen entstehen durch das Voranstellen des Buchstabens u an den Namen des jeweiligen gewöhnlichen Datentypen. Unsigned-Datentypen können ausschließlich nicht-negative Zahlen darstellen, die untere Grenze der Wertebereiche ist also immer 0.

Die Datentypen haben alle unterschiedliche Wertebereiche, jedoch gibt es keinen Datentyp mit unendlichem Wertebereich. Es gilt auch, aufzupassen, dass man nicht einen Datentyp wählt, der für den beabsichtigten Zweck zu klein ist. Betrachten wir dazu das folgende Beispiel:

```
int a1 = 2147483647;
a1 = a1 + 1;
```

Wir erstellen zunächst eine Variable `a1` vom Typ `int` und initialisieren diese mit dem größtmöglichen Wert, den eine `int`-Variable speichern kann. Danach inkrementieren wir die Variable. Durch das Inkrementieren geschieht an dieser Stelle ein sogenannter Überlauf, da nun die eigentlich vorgesehenen Grenzen des Datentypen überschritten werden. Bei einem Überlauf wird einfach am anderen Ende des Wertebereichs „weiter gemacht", d.h. die Variable hat nun den kleinstmöglichen `int`-Wert -2147483648.

Ein solches Verhalten möchte man in der Regel vermeiden, daher ist es ratsam, den verwendeten Datentyp immer sehr sorgsam auszuwählen. Im Zusammenhang mit den `unsigned`-Datentypen gilt es hier, besonders achtsam zu sein. Der Wertebereich von `unsigned`-Datentypen umfasst lediglich nicht-negative Werte, d.h. die untere Grenze des Wertebereiches ist immer 0. Wenn Sie nun zum Beispiel eine rückwärts laufende Schleife mit einer `unsigned`-Zählvariable erstellen, kann es leicht vorkommen, dass Sie versehentlich eine Endlosschleife (also eine Schleife, die niemals terminiert) kreieren:

```
for (uint i = 10; i >= 0; i--)
{
   ...
}
```

Im gezeigten Fall wird in der Bedingung geprüft, ob die Zählvariable `i` noch größer oder gleich 0 ist. Tatsächlich ist das aber immer der Fall: wenn die Zählvariable 0 erreicht hat und erneut dekremeniert wird, geschieht ein Überlauf und die Variable erhält nun den maximalen `uint`-Wert 4294967295. Bei einer rückwärts laufenden Schleife ist es also ratsam, immer den normalen `signed`-Datentyp für die Zählvariable zu verwenden.

4.3 Gleitkommazahlen

Datentyp	Wertebereich	Beispiel
float	-3.402823 E38 bis 3.402823 E38	3.8
double	-1.79769313486232 E308 bis 1.79769313486232 E308	21652430000000000
decimal	+/- 1,0 E-28 bis +/- 7,9 E28	0.1000012345

Gleitkommazahlen werden dann verwendet, wenn man Zahlen mit Nachkommastellen benötigt. Beachten Sie, dass Gleitkommazahlen, wie im englischen Sprachraum üblich, mit einem Punkt statt einem Komma geschrieben werden. Gleitkommazahlen haben einen deutlich größeren Wertebereich als ganzzahlige Werte. Auf den ersten Blick erscheint es daher naheliegend, einfach grundsätzlich Gleitkommazahlen zu verwenden. In der Realität sind Gleitkommazahlen dagegen noch problematischer als die ganzzahligen Werte. Bei ganzzahligen Werten kennen wir bereits das Problem des Überlaufs an den Grenzen des Wertebereichs. Bei den Gleitkommazahlen gibt es dagegen zusätzlich noch das Problem mit der Genauigkeit.

Eine Gleitkommazahl in C# kann nämlich ebenfalls nur eine begrenzte Anzahl an Werten abdecken. Tatsächlich gibt es aber unendlich viele Gleitkommazahlen. Bestimmte tatsächlich existierende Gleitkommazahlen können also nicht in einer Gleitkomma-Variable innerhalb von C# gespeichert werden. Die Gleitkommatypen können nur Werte mit einer begrenzten Genauigkeit aufnehmen. Konkret bedeutet das, dass weiter hinten stehende Stellen ignoriert und damit zu 0 werden.

Beispiel: Eine `float`-Variable, die mit dem Wert `0.1000012345` initialisiert wird, hat tatsächlich den Wert `0.1000012`. Die drei letzten Stellen können mit der begrenzten Genauigkeit nicht mehr gespeichert werden. Die Genauigkeit von `double`-Variablen ist wesentlich höher, aber letztendlich ebenfalls begrenzt. Der Datentyp `decimal` bietet dagegen eine wesentlich höhere Genauigkeit und sollte daher für finanzmathematische Anwendungen verwendet werden. Hierbei sollte bedacht werden, dass die erhöhte Genauigkeit durch einen im Vergleich zu `double`-Variablen doppelt so hohen Speicherverbrauch erkauft wird. Der Datentyp `decimal` sollte daher nur dort verwendet werden, wo die höhere Genauigkeit tatsächlich benötigt wird.

Besonders aufpassen muss man auch beim Rechnen mit den Gleitkommazahlen. Hier kann es zu Ungenauigkeiten kommen - und das schon bei relativ gewöhnlichen Zahlenwerten. Beispiel:

```
double alpha = 69.82;
double beta = 69.2 + 0.62;
Console.WriteLine(alpha == beta);
Console.WriteLine(alpha-beta);
```

Auf den ersten Blick würden wir vermuten, dass in den Variablen `alpha` und `beta` derselbe Wert gespeichert ist und die Abfrage `alpha == beta` dementsprechend `true` liefert. Das ist aber nicht der Fall. Wenn wir die Differenz der beiden Werte ausgeben lassen, stellen wir fest, dass die Differenz nicht 0 ist, sondern $-1,4210854715202 \times 10^{-14}$ (also sehr klein). Diese Ungenauigkeit ist in der Art begründet, wie Gleitkommazahlen intern gespeichert werden. Die Details brauchen uns nicht zu interessieren - wir müssen nur wissen: Gleitkommazahlen können ungenau sein.

Bei Operationen, bei denen die Genauigkeit wichtig ist, sollten wir uns nicht auf die Typen `float` und `double` verlassen, sondern stattdessen den wesentlich genaueren Typen `decimal` verwenden. Insbesondere Gleichheitsprüfungen zwischen Gleitkommazahlen der Typen `float` und `double` sind gefährlich, da diese (wie zuvor gezeigt) unerwartete Resultate liefern können. Wenn eine

Gleichheitsprüfung bei Gleitkommazahlen durchgeführt werden muss, sollte also entweder eine kleine Toleranz erlaubt werden oder der genauere Datentyp `decimal` verwendet werden.

4.4 Zeichen

Zum Speichern von einzelnen Unicode-Zeichen wie z.B. 'a' oder 'ß' gibt es den Datentyp `char`. Ein Zeichen wird dabei innerhalb eines Paares von einzelnen Hochkommas angegeben, also

```
char c = 'a';
```

Intern werden Zeichen als Ganzzahlwerte gespeichert, z.B. im Bereich von 0 - 255 gemäß des ASCII-Code. Wir werden später noch sehen, inwiefern das nützlich ist.

Zudem gibt es einige spezielle Zeichen, die sich nicht so einfach darstellen lassen. Das trifft z.B. auf den Zeilenumbruch oder den Tabulator zu. Um solche Zeichen darzustellen, gibt es sogenannte Escape-Sequenzen. Escape-Sequenzen beginnen immer mit einem einfachen Backslash. Die Escape-Sequenz \n symbolisiert z.B. den Zeilenumbruch. Um einen tatsächlichen Backslash als Zeichen darzustellen, benötigt man ebenfalls eine Escape-Sequenz. Ein einzelner Backslash würde nämlich immer als Einleitung einer Escape-Sequenz angesehen. Der einzelne Backslash wird daher über die Escape-Sequenz \\ dargestellt.

```
char backslash = '\\';
```

4.5 Zeichenketten

Ein weiterer sehr wichtiger Datentyp in C# sind die Zeichenketten. Eine Zeichenkette ist eine geordnete Liste von einzelnen Zeichen. Man kann in einer Zeichenkette demnach Wörter oder Sätze speichern. Der Datentyp, mit dem Zeichenkette in C# repräsentiert werden, heißt `string`. Einen `string` können Sie ähnlich erzeugen wie einen einfachen `char`-Wert, statt eines einfachen Hochkommas müssen jedoch doppelte Anführungszeichen verwendet werden:

```
string myString = "Hallo Welt";
```

Innerhalb von Zeichenketten können auch Escape-Sequenzen verwendet werden, z.B. zur Darstellung von Zeilenumbrüchen:

```
string myString1 = "Hallo \n Welt";
```

Soll innerhalb einer Zeichenkette selbst ein Anführungszeichen verwendet werden, muss dafür die Escape-Sequenz \" genutzt werden:

```
string myString2 = "Harry sagt:\"Oh, wie schoen.\" ";
```

Würden wir hier nicht die Escape-Sequenz verwenden, würde der C#-Compiler das normale Anführungszeichen als Ende-Begrenzung der Zeichenkette interpretieren.

4.6 Variablen anlegen

Wir haben bereits mehrfach gesehen, dass man Variablen nach folgender Syntax deklarieren kann:

```
Typ Variablenname;
```

Die Zuweisung erfolgt nach der Syntax

```
Variablenname = <Ausdruck>;
```

und die Kombination von Deklaration und Zuweisung nach folgender Syntax:

```
Typ Variablenname = <Ausdruck>;
```

Wichtig: der Wert einer Variable darf nicht ausgelesen werden, bevor erstmalig ein Wert zugewiesen wurde. Versucht man dies doch, resultiert dies in einem Compiler-Fehler (d.h. das Programm wird garnicht erst in Maschinencode übersetzt).

Beispiel:
```
int i1;
int i2 = i1 + 1;
```

Der Code führt zu einem Compilerfehler, da man versucht, den Wert der Variable `i1` auszulesen, bevor der Variable ein initialer Wert zugewiesen wurde.

Man kann außerdem innerhalb einer einzelnen Anweisung mehrere Variablen eines Typs anlegen. Die allgemeine Syntax hierfür lautet:

```
MeinTyp Variablenname1, Variablenname2, Variablenname3;
```

Es würden also die drei Variablen `Variablenname1`, `Variablenname2`, `Variablenname3` vom Typ `MeinTyp` angelegt. Man kann in diesem Zusammenhang auch Deklaration und Zuweisung kombinieren:

```
int var1, var2 = 5, var3;
```

Im Beispiel werden drei `int`-Variablen `var1`, `var2` und `var3` angelegt. Die Variable `var2` wird mit dem Wert 5 initialisiert, die beiden anderen Variablen erhalten dagegen zunächst keinen Wert zugewiesen.

4.7 Implizit typisierte Variablen

In manchen Fällen kann aus der direkten Initialisierung einer Variablen abgeleitet werden, von welchem Typ die Variable sein muss. In solchen Fällen *kann* man die Angabe des Typs bei der Deklaration durch das Schlüsselwort `var` ersetzen.

```
var i1 = 1;
var zeichenkette = "hallo";
```

Im Beispiel wäre die Variable `i1` vom Typ `int` sowie die Variable `zeichenkette` vom Typ `string`. Diese implizite Typisierung darf nur verwendet werden, wenn eine Variable direkt initialisiert wird und sich der Typ direkt daraus ableiten lässt.

4.8 Typumwandlung

Variablen eines Types können gegebenenfalls auch in Variablen eines anderen, kompatiblen Typen umgewandelt werden. Man nennt dies Typumwandlung bzw. *Typecasting*. Offensichtlich ist diese Möglichkeit zum Beispiel bei den verschiedenen Ganzzahlwerten.

Hierbei gilt: wenn eine Variable eines „kleineren" Typen in einen größeren Typen umgewandelt werden soll, kann dies *implizit* geschehen. Implizit bedeutet dabei, dass man keinerlei Konvertierung vornehmen muss, sondern einfach die neue Variable wie gewünscht zuweist.

Beispiel:

```
int int1 = 6000;
long intAsLong = int1;
```

Im Beispiel wird zunächst eine `int`-Variable `int1` angelegt und mit dem Wert 6000 initialisiert. Danach wird eine neue Variable `intAsLong` erstellt und diese mit dem Wert von `int1` initialisiert. Wir haben nun also eine `long`-Variable `intAsLong`, die den Wert 6000 besitzt.

Allerdings geht das auch umgekehrt: man kann eine Variable eines „größeren" Typs in eine Variable eines kleineren Typs umwandeln. In diesem Fall muss man jedoch eine explizite Typumwandlung durchführen. Dies geschieht durch Voranstellen des Zieltyps innerhalb eines Klammerpaares:

```
long long1 = 6000;
int longAsInt = (int) long1;
```

In diesem Beispiel haben wir schlussendlich eine `int`-Variable `longAsInt`, die den Wert 6000 besitzt.

Allerdings gibt es ein Problem: wenn der Wertebereich des Quelltyps größer ist als der Wertebereich des Zieltyps, kann man auch versuchen, einen Wert in eine Variable zu konvertieren, die diesen Wert garnicht speichern kann.

Beispiel:

```
long bigLong = 3000000000;
int bigLongAsInt = (int) bigLong;
```

Zur Erinnerung: Der Wertebereich von `int` reicht nur bis etwa 2,1 Milliarden. Da aber in der long-Variable `bigLong` der Wert 3 Milliarden gespeichert ist, kann der Wert nicht in eine `int`-Variable passen. Bei einer solchen Typumwandlung tritt wieder der bereits zuvor beschriebene Überlauf auf. long int_{max} wird zu int int_{max}. long $int_{max} + 1$ wird zu int int_{min}. long $int_{max} + 2$ wird zu int $int_{min} + 1$, usw. Demnach wird long 3000000000 zu int -1294967296. Die Variable `bigLongAsInt` enthält also am Ende den Wert -1294967296.

Eine Typumwandlung kann aber auch zwischen char-Werten und Ganzzahlwerten erfolgen: wie zuvor erwähnt werden char-Werte intern von Ganzzahlwerten repräsentiert. Man kann gemäß des ASCII-Code[3] eine char-Variable mit dem Wert 'A' auch auf folgende Weise anlegen:

```
char ch = (char) 65;
```

65 ist der ASCII-Code für das Zeichen 'A'.

Ebenso kann man den ASCII-Code eines Zeichens bestimmen:

```
int ascii = (int) 'A';
```

Die Variable ascii hat nun den Wert 65.

Im übrigen kann man auf char-Variablen auch gewöhnliche arithmetische Operationen durchführen. Da char-Variablen intern durch Ganzzahlen repräsentiert werden, werden die arithmetischen Operationen auf den zugrunde liegenden Ganzzahlen durchgeführt.

```
char A = 'A';
A++;
Console.WriteLine(A);
```

Im Beispiel wird eine char-Variable, die das Zeichen 'A' beinhaltet, angelegt. Intern wird die Variable durch den ASCII-Code 65 von 'A' repräsentiert. Nun wird die Variable inkrementiert, d.h. es ist nun ein ASCII-Wert von 66 hinterlegt. In der Variable A ist daher nun das Zeichen 'B' gespeichert, da 66 der ASCII-Code von 'B' ist.

---

[3]https://de.wikipedia.org/wiki/American_Standard_Code_for_Information_Interchange

5 Operatoren und Ausdrücke

Nachdem wir jetzt die Basis-Datentypen von C# kennen, wollen wir uns nun etwas ausführlicher damit beschäftigen, was man mit den Datentypen überhaupt anstellen kann. In den einleitenden Kapiteln hatten wir bereits einfache Beispiele gesehen, z.B. bezüglich der Addition von int-Variablen. Jetzt wollen wir das vertiefen und die verschiedenen Operatoren genauer kennen lernen.

5.1 Zuweisungsoperator

Den Zuweisungsoperator haben wir bereits kennen gelernt. Durch den Zuweisungsoperator = wird einer Variable ein Wert zugewiesen.

```
Variable = <Ausdruck>;
```

Auf der linken Seite steht dabei immer eine Variable, der ein Wert zugewiesen werden soll. Auf der rechten Seite steht entweder ein konkreter Wert oder ein Ausdruck, der zu einem Wert ausgewertet wird.

```
int myInt = 5;
myInt = myInt + 2;
```

Im Beispiel wird der Zuweisungsoperator zweimal verwendet. Zunächst wird die Variable myInt angelegt und mit 5 initialisiert (diese Initialisierung ist die erste Verwendung des Zuweisungsoperators). Danach wird der Wert von myInt durch eine erneute Zuweisung um 2 erhöht, sodass schließlich der Wert 7 in der Variable gespeichert ist.

Wichtig ist auch: der zugewiesene Wert muss natürlich bezüglich seines Typs zur Variable, die zugewiesen wird, passen. Ist das nicht der Fall, resultiert dies in einem Compiler-Fehler. Beispielsweise könnten Sie der Variable myInt im Beispiel nicht eine Zeichenkette (d.h. mit dem Datentyp string) zuweisen, da in int-Variablen ausschließlich Ganzzahlen gespeichert werden können.

5.2 Arithmetische Operatoren

Mit den arithmetischen Operatoren können gewöhnliche mathematische Berechnungen durchgeführt werden. Es existieren die Operatoren + (Addition), − (Subtraktion), * (Multiplikation) und / (Division). Zudem gibt es noch den Restwert-Operator %.

Die arithmetischen Operatoren werden mit der gewöhnlichen Infixnotation verwendet, d.h. der jeweilige Operator wird zwischen die beiden Operanden gesetzt:

```
int myInt1 = 3 + 4;
int myInt2 = myInt1 * 5;
```

Addition, Subtraktion und Multiplikation sollten trivial sein, sodass wir hier nicht weiter darauf eingehen. Zu beachten ist lediglich, dass bei allen Operatoren Überläufe auftreten können, wenn der Wertebereich eines Datentypen überschritten wird. Zudem können die beschriebenen Ungenauigkeiten im Zusammenhang mit Gleitkommazahlen auftreten.

Nicht ganz so trivial sind der Divisionsoperator und der Restwertoperator. Beim Divisionsoperator gibt es folgendes Problem: die C#-Datentypen unterscheiden ja klar zwischen Ganzzahlen und Gleitkommawerten. Was passiert aber, wenn man zwei ganzzahlige Werte dividiert, das Ergebnis jedoch eigentlich eine Gleitkommazahl ist?

```
int myInt3 = 5;
int myInt4 = 2;
int result = myInt3 / myInt4;
```

In diesem Fall wird nur der ganzzahlige Anteil des Resultats als Ergebnis geliefert. In unserem Beispiel wird 5 durch 2 dividiert. Das exakte Ergebnis wäre also 2.5. Da hier jedoch zwei `int`-Werte dividiert werden, ist das Ergebnis ebenfalls ein `int`-Wert. Der Nachkomma-Anteil wird dabei gestrichen, die `int`-Variable `result` enthält den Wert 2. Bei negativen Operanden wäre es ebenso: -5 geteilt durch 2 ergibt -2 als Ergebnis.

Auch die gewöhnlichen Rundungsregeln spielen keine Rolle: dividiert man z.B. 11 durch 4, ist das exakte Ergebnis 2.75. Gerundet ergäbe dies 3. Bei einer ganzzahligen Division erhielten wir aber dennoch 2 als Ergebnis, da immer der ganzzahlige Anteil des exakten Ergebnisses verwendet wird.

Wenn wir dagegen einen ganzzahligen Wert durch eine Gleitkommazahl dividieren, wird das Ergebnis automatisch in eine Gleitkommazahl umgewandelt. Ebenso ist es, wenn eine Gleitkommazahl durch einen ganzzahligen Wert dividiert wird: das Resultat ist eine Gleitkommazahl. Generell gilt dies für alle arithmetischen Operatoren: sobald eine Gleitkommazahl an der Operation beteiligt ist, wird als Ergebnis eine Gleitkommazahl geliefert.

```
int myInt5 = 5;
double myDouble1 = 2.0;
double resultDouble = myInt5 / myDouble1;
```

In Beispiel hat die Variable `resultDouble` nach dem Ende der Operation den Wert 2.5.

Bliebe noch der Restwert-Operator %. Dieser gibt den bei einer ganzzahligen Division verbleibenden Rest zurück. Das Konzept kennen Sie eventuell noch aus dem Mathematik-Unterricht in der Grundschule: 5 durch 2 ergibt 2 Rest 1. Im Programmierer-Jargon sagt man 5 modulo 2 ergibt 1. Modulo ist dabei ein Synonym für den Restwert, bei einer Modulo-Operation wird der Restwert einer ganzzahligen Division als Ergebnis geliefert.

```
int myInt6 = 5;
int myInt7 = 2;
double rest = myInt6 % myInt7;
```

In der Variable `rest` ist nach Abschluss der Operation der Wert 1 gespeichert.

5.3 Division durch Null

Einen Spezialfall der Division haben wir bisher noch nicht besprochen: die Division durch Null. Bekanntermaßen ist in der Mathematik eine Division durch Null nicht definiert. Was passiert also, wenn man in C# eine Division durch 0 durchführt?

Hierbei unterscheidet C# zwischen Ganzzahlen und Gleitkommazahlen. Wenn Sie eine ganzzahlige Division (entweder mit dem Divisionsoperator oder mit dem Restwertoperator) durch 0 durchführen, und dabei direkt die 0 als Konstante benutzen, erhalten Sie einen Compiler-Fehler, d.h. der Code lässt sich gar nicht erst übersetzen. Zu sehen ist das im folgenden Beispiel.

```
int intDurchNullKonstante = 5 / 0;
```

Führen Sie dagegen eine Division durch 0 durch, und verwenden als Divisor eine Variable, die den Wert 0 besitzt, lässt sich dieser Code ohne Fehler übersetzen. Zu sehen ist dies im folgenden Beispiel.

```
int zero = 0;
int intDurchNullVariable = 5 / zero;
```

Hier kommt es allerdings bei der Ausführung des Codes zu Problemen. Es tritt eine sogenannte *Ausnahme* auf. Ausnahmen werden wir später noch im Detail betrachten. Für den Moment heißt dies, an dieser Stelle würde das Programm einfach abstürzen.

Beachten Sie hier also den Unterschied: bei der ersten Variante ist es erst gar nicht möglich, den Code zu übersetzen, d.h. wir können kein lauffähiges Programm erstellen. Im zweiten Fall funktioniert das Übersetzen des Quellcodes in Maschinencode jedoch ohne Probleme. Allerdings wird das Programm nun während der Ausführung abstürzen, weil wir versucht haben, diese ungültige Operation durchzuführen.

Nochmal anders ist das ganze, wenn Sie einen der Gleitkomma-Datentypen `float` oder `double` verwenden. Für diese Datentypen existieren spezielle Konstanten, die die Werte Unendlich bzw. -Unendlich repräsentieren sollen. Bei Division einer Gleitkommazahl durch 0 erhalten Sie als Ergebnis also je nach Vorzeichen des Dividenden entweder Unendlich oder -Unendlich. Die speziellen Konstanten heißen `double.PositiveInfinity` und `double.NegativeInfinity` (bzw. entsprechend für float-Werte).

5.4 Unäre Operatoren

Unäre Operatoren sind solche, die nur auf einem einzigen Operanden operieren. Der - (Minus) Operator ist ein solcher unärer Operator. Er kann nicht nur zur Subtraktion verwendet werden, sondern auch um das Vorzeichen eines einzelnen Ausdrucks zu negieren.

```
int myInt8 = 5;
int myInt9 = -myInt8;
```

In der Variable `myInt9` ist nun der Wert -5 gespeichert.

5.5 Vergleichsoperatoren

Die Vergleichsoperatoren hatten wir schon bei früheren Beispielen gesehen, wenn wir Bedingungen formuliert haben. Generell können die Vergleichsoperatoren zum Vergleichen von den Basis-Datentypen verwendet werden. Es existieren die Operatoren < (kleiner), <= (kleiner gleich), == (gleich), != (ungleich), >= (größer gleich), > (größer).

Jedes Ergebnis einer Vergleichsoption ist ein Wert vom Typ `bool`, also `true` oder `false`. Eine Vergleichsoperation kann damit direkt als Bedingung in einem `if-else`-Konstrukt oder in einer

Schleife verwendet werden. Natürlich kann man das Ergebnis eines Vergleichs auch in einer bool-Variable speichern.

Wichtig: Der Operator, der auf Gleichheit prüft, besteht aus zwei Gleichheitszeichen ==. Damit soll eine Verwechslung mit dem Zuweisungsoperator = vermieden werden. Merke: Zuweisungen mit einfachem Gleichheitszeichen, Gleichheitsprüfungen mit doppeltem Gleichheitszeichen.

```
int myInt10 = 5;
int myInt11 = 7;

bool isGleich = myInt10 == myInt11;
bool isKleiner = myInt10 < myInt11;
bool isGroesser = myInt10 > myInt11;
```

Das Beispiel zeigt die Verwendung der Vergleichsoperatoren. Zunächst werden die Variablen myInt10 und myInt11 mit Hilfe des Gleichheitsoperators verglichen. Da unterschiedliche Werte in den Variablen gespeichert sind, ist das Ergebnis der Operation false und damit auch der Wert der Variable isGleich.

Der zweite Test, myInt10 < myInt11, liefert jedoch true, da myInt10 tatsächlich kleiner als myInt11 ist. Demnach ist in der Variable isKleiner der Wert true gespeichert.

Beim letzten Test erhält man wiederum den Wert false, da myInt10 nicht größer als myInt11 ist. Somit ist in der Variable isGroesser der Wert false gespeichert.

5.6 Logische Operatoren

Bisher haben wir Operatoren gesehen, die auf Ganzzahlen und Gleitkommazahlen operieren. Die logischen Operatoren operieren dagegen auf boolschen Variablen. Es gibt die Operatoren && (und), || (oder), ! (nicht bzw. Negation) sowie ^ (entweder oder).

Der Negationsoperator ist ein unärer Operator: er operiert auf einer einzelnen boolschen Variable. Wenn eine Variable b den Wert true enthält, evaluiert !b zu false und umgekehrt. Die restlichen 3 Operatoren verketten jeweils 2 boolsche Werte:

- Der und-Operator && liefert genau dann true, wenn beide Operanden true sind.

- Der oder-Operator || liefert genau dann true, wenn mindestens einer der beiden Operanden true ist.

- Der entweder-oder-Operator ^ liefert dann true, wenn genau ein Operand true ist und der andere false.

Die folgende Wertetabelle verdeutlicht dies noch einmal:

bool a	bool b	a && b	a || b	a ^ b
true	true	true	true	false
true	false	false	true	true
false	true	false	true	true
false	false	false	false	false

Die logischen Operatoren können nicht nur direkt auf boolschen Variablen operieren, sondern generell auf allen Ausdrücken, die zu boolschen Werten evaluieren.

```
int myInt12 = 5;
int myInt13 = 7;

bool logicalOperatorAnd = myInt12 <= myInt13 && myInt13 < 4;
bool logicalOperatorOr = myInt12 <= myInt13 || myInt13 < 4;
```

Im Beispiel sehen wir die beiden Ausdrücke `myInt12 <= myInt13` und `myInt13 < 4`. Der erste dieser Ausdrücke wertet zu `true` aus, der zweite zu `false`. Für die Zuweisung der Variable `logicalOperatorAnd` wird nun eine und-Verkettung der beiden Ausdrücke ausgewertet. Da nur einer der beiden Ausdrücke `true` ist, liefert die Verkettung `false`. Die Variable `logicalOperatorAnd` bekommt als Zuweisung den Wert `false`.

Für die Zuweisung der Variable `logicalOperatorOr` wird dagegen eine oder-Verkettung der beiden Ausdrücke ausgewertet. Diese liefert `true`, da einer der beiden Ausdrücke zu `true` auswertet. Die Variable `logicalOperatorOr` speichert daher den Wert `true`.

5.7 Zuweisung und Operation kombinieren

In C# gibt es einige syntaktische Abkürzungen, um oft gebräuchliche Ausdrücke zu verkürzen. Sehr oft hat man z.B. einen Ausdruck der folgenden Art:

```
myInt = myInt + 8;
```

Bei einem solchen Ausdruck soll der Wert, der in einer Variable gespeichert ist, um einen bestimmten Wert erhöht werden. Dies kann man abkürzen zu

```
myInt += 8;
```

Addition und Zuweisung werden also zu einem verkürzten Ausdruck zusammen gefasst. Dasselbe gilt übrigens auch für die anderen arithmetischen Operatoren:

```
myInt -= 2;
myInt *= 2;
myInt /= 2;
myInt %= 2;
```

Im Beispiel wird von der Variable `myInt` zunächst 2 subtrahiert und das Ergebnis der Subtraktion wieder in der Variable gespeichert. Danach wird der Wert der Variable verdoppelt, danach wird sie wieder halbiert. Schließlich wird eine weitere Division durch 2 durchgeführt und der Variable der Restwert dieser Operation zugewiesen.

Auch logische Operatoren mit Zuweisung können nach gleichem Schema verkürzt werden:

```
myBool &= false;
myBool |= true;
myBool ^= true;
```

In den drei Ausdrücken wird die Variable `myBool` zunächst mit dem und-Operator mit `false` verkettet und das Ergebnis der Operation wiederum der Variablen `myBool` zugewiesen. Danach wird `myBool` mit dem oder-Operator mit `true` verkettet und das Ergebnis dieser Operation der Variablen `myBool` zugewiesen. Schließlich erfolgt eine Verkettung zwischen der Variable `myBool` und `true` über den entweder-oder-Operator und das Ergebnis der Operation wird schlussendlich erneut der Variable `myBool` zugewiesen.

5.8 Inkrement und Dekrement

Eine besonders häufige Operation ist es, eine Variable genau um 1 zu erhöhen oder zu verkleinern. Man nennt das inkrementieren bzw. dekrementieren. Dafür gibt es die Abkürzungen ++ bzw. --:

```
int myInt = 4;
myInt++;
```

In dem gezeigten Beispiel wird `myInt` mit 4 initialisiert und danach inkrementiert. Es ist letztendlich der Wert 5 in der Variable `myInt` gespeichert. Den Inkrement bzw. Dekrement-Operator kann man der Variable jedoch auch voranstellen:

```
int myInt = 4;
++myInt;
```

Die beiden Beispiele sind äquivalent. Aber warum kann man die Inkrement/Dekrement-Operatoren sowohl voranstellen als auch nachschieben? Um das herauszufinden, müssen wir zunächst wissen, dass die Inkrement/Dekrement-Operationen so geschaffen wurden, dass man sie auch „nebenbei" verwenden kann, d.h. innerhalb eines anderen Ausdrucks. Wir können einen Ausdruck schreiben, in dem Variablen ausgewertet werden. In einem solchen Ausdruck können wir die Inkrement/Dekrement-Operatoren verwenden.

Beispiel:

```
int myInt = 2;
int summe = myInt++ + 5;
```

Im Beispiel wird also die Summe aus der Variable `myInt` und 5 gebildet. Nebenbei wird die Variable `myInt` jedoch auch noch inkrementiert. Nun lautet die Frage: wird zunächst die Summe gebildet (2 + 5) und danach die Variable inkrementiert (myInt = 3) oder wird zuerst die Variable inkrementiert (myInt = 3) und danach erst die Summe gebildet (3 + 5)?

In einem solchen Fall kommt es eben darauf an, ob der Inkrement/Dekrement-Operator vorangestellt oder nachgeschoben wird: wird der Operator vorangestellt, wird zunächst die Variable inkrementiert/dekrementiert und danach der Ausdruck ausgewertet. In unserem Beispiel wäre also das Endergebnis von `summe` 8, wenn wir den Operator vorangestellt hätten. Tatsächlich haben wir den Operator aber nachgeschoben. In einem solchen Fall wird zunächst der Ausdruck ausgewertet und danach erst die Variable inkrementiert/dekrementiert. In unserem Beispiel ist also das in der Variable `summe` gespeicherte Ergebnis 7.

5.9 Der Fragezeichen-Operator ?:

Wir haben zuvor bereits die `if-else`-Anweisung kennen gelernt. Mit diesem Konstrukt kann man Code bedingt ausführen lassen.

```
int a = 6;
int result;

if (a > 5)
  result = 7;
else
  result = 9;
```

(Nebenbei: Abweichend von der eingeführten Notation des if-else-Konstruktes werden hier keine geschweiften Klammern zur Abgrenzung des if- und des else-Blockes verwendet. Grundsätzlich gilt: bei einem Codeblock, der nur aus einer einzelnen Anweisung besteht, können die umschließenden Klammern weggelassen werden.)

Im Beispiel wird geprüft, ob eine Variable größer als 5 ist und in Abhängigkeit davon einer Variable entweder der Wert 7 oder der Wert 9 zugewiesen wird. Der bedingt ausgeführte Code umfasst hier also nur eine einzelne Zuweisung. Derartige Konstrukte lassen sich kürzer mit dem Fragezeichen-Operator schreiben:

```
int a = 6;
int result = a > 5 ? 7 : 9;
```

Der Fragezeichen-Operator hat allgemein die folgende Syntax:

```
<Bedingung> ? <Ausdruck1> : <Ausdruck2>
```

Es wird zunächst die Bedingung ausgewertet. Evaluiert diese zu true, wird der erste Ausdruck <Ausdruck1> ausgewertet und zugewiesen, andernfalls der zweite Ausdruck <Ausdruck2>.

In unserem Beispiel bedeutet das: es wird überprüft, ob a > 5 ist. Wenn das der Fall ist, liefert der Fragezeichen-Operator den ersten Wert zurück (im Beispiel 7), ansonsten den zweiten (im Beispiel 9). Der vom Fragezeichen-Operator zurückgelieferte Wert wird dann der Variable result zugewiesen. Das Beispiel mit dem Fragezeichen-Operator ist also genau äquivalent zu dem einleitenden Beispiel mit dem if-else-Konstrukt.

5.10 Komplexe Ausdrücke

Bisher haben wir nur sehr einfache Ausdrücke gesehen, bei denen jeweils nur eine Operation durchgeführt wurde. Tatsächlich kann man jedoch kompliziertere Ausdrücke verwenden, bei denen verschiedene Operatoren kombiniert werden.

```
int ergebnis1 = -5 * 8 + 9 / 3 - 6;
bool ergebnis2 = ergebnis1 * 3 < -17 && -ergebnis1 > 42 && 32 / 5 > 4;
```

Bei dem ersten Ausdruck werden ausschließlich die arithmetischen Operatoren verwendet. Bei arithmetischen Operatoren gilt: Punktrechnung vor Strichrechnung, davon abgesehen erfolgt die Auswertung von links nach rechts. Damit ergibt sich für ergebnis1 der Wert -43. Beim zweiten Ausdruck werden die 3 Ausdrücke ergebnis1 * 3 < -17, -ergebnis1 > 42 sowie 32 / 5 > 4 mit dem und-Operator kombiniert. Da alle 3 Ausdrücke jeweils zu true evaluieren, ist auch der Gesamtausdruck true und damit die Variable ergebnis2.

Beim zweiten Ausdruck haben wir sowohl arithmetische sowie logische Operatoren innerhalb eines

Ausdruckes verwendet. Etwas schwieriger wird es, wenn wir in einem Ausdruck verschiedene logische Operatoren verwenden. Dann ist es nicht mehr so offensichtlich, welcher Operator Vorrang hat.

Beispiel:

```
bool a = true, b = false, c = false;
bool bErgebnis = a || b && c;
```

Welchen Wert hat nun bErgebnis? Je nach Operator-Reihenfolge könnte es sowohl true als auch false sein:

1. Wir werten zuerst a || b aus. Dies evaluiert zu true. Damit verbleibt true && c. Dies evaluiert zu false, da c false ist.

2. Wir werten zuerst b && c aus. Dies evaluiert zu false. Damit verbleibt der Ausdruck a || false. Dieser evaluiert zu true, da a true ist.

Die Frage ist also: was hat Vorrang, der und-Operator && oder der oder-Operator ||. Tatsächlich gilt: *und* bindet stärker als *oder*, d.h. der und-Operator muss zuerst ausgewertet werden. In unserem obigen Beispiel ist demnach die Variante 2 korrekt und der Ausdruck evaluiert schlussendlich zu true.

Es gibt eine lange Tabelle mit allen Operatoren, die angibt, welche Operatoren stärker wirken[4]. In der Praxis machen Sie sich selbst und denen, die Ihren Code lesen müssen, das Leben sehr viel einfacher, wenn Sie bei allem, was über die Basis-Regel „Punktrechnung vor Strichrechnung" geht, durch die Verwendung von Klammern direkt klar machen, welcher Operator zuerst ausgewertet werden soll. Sie können bei der Erstellung von komplexen Ausdrücken nämlich nach belieben Klammern setzen und damit die Reihenfolge der Auswertung beeinflussen.

Das zuvor gezeigte Beispiel können wir durch das Setzen von Klammern so abändern, dass die Auswertung des Ausdrucks gemäß Variante 1 abläuft (d.h. dass das Endergebnis false ist):

```
bool a = true, b = false, c = false;
bool bErgebnis = (a || b) && c;
```

Wie zuvor gesagt, kann man auch Klammern setzen, um die Reihenfolge der Auswertung explizit zu verdeutlichen:

```
bool a = true, b = false, c = false;
bool bErgebnis = a || (b && c);
```

Dieses Beispiel ist äquivalent zur ursprünglichen Version, in der gar keine Klammern gesetzt wurden. Hier sieht man dagegen auf den ersten Blick, dass der und-Operator zuerst ausgewertet wird, auch wenn man die Reihenfolge der Operator-Präzedenzen nicht auswendig kennt.

---

[4]https://msdn.microsoft.com/de-de/library/aa691323(v=vs.71).aspx

6 Objektorientierte Programmierung

Wir hatten zuvor bereits mehrmals angemerkt, dass C# eine objektorientierte Programmiersprache ist. Erinnern wir uns noch einmal an die Grundidee dabei: man versucht, ein Programm zu modellieren wie in der realen Welt als eine Reihe von autonomen, interagierenden Objektes. Dadurch kann man die Komplexität eines Programms verringern, da man bei der Programmierung jedes Objekt einzeln betrachten kann.

Realisiert wird die Objektorientierung in C# durch sogenannte *Klassen*. Eine Klasse fasst dabei gleichartige oder ähnliche Objekte zusammen. Demnach ist eine Klasse nichts anderes als ein Datentyp, wie z.B. `int` oder `string`. Die Klasse `string` fasst zum Beispiel ebenfalls gleichartige Objekte zusammen, nämlich alle Zeichenketten.

Wir können aber auch Analogien aus der realen Welt verwenden, um das Konzept der Klasse zu verdeutlichen. *Mensch* wäre z.B. eine mögliche Klasse und *Tante Erna* oder *Stefan Hubertus* wären konkrete Objekte vom Typ *Mensch*. Man spricht dann davon, dass *Tante Erna* und *Stefan Hubertus* Instanzen von *Mensch* sind - die konkreten Objekte werden also Instanzen genannt. Es könnte eine weitere Klasse *Hund* geben, dann wäre *Waldi* eine Instanz der Klasse *Hund*, nicht aber der Klasse *Mensch*.

Charakteristisch für Klassen ist, dass alle Instanzen einer bestimmten Klasse dieselben Arten von Eigenschaften haben und dieselben Aktionen ausführen können. Die konkreten Werte der Eigenschaften und die Resultate der Aktionen können sich aber von Instanz zu Instanz unterscheiden. Um beim Beispiel *Mensch* zu bleiben: alle Menschen haben eine bestimmte Größe und ein Gewicht, diese Eigenschaften unterscheiden sich aber von Mensch zu Mensch. Allen gemein ist aber, dass sie dieselben Aktionen ausführen können, z.B. *gehen, laufen, schwimmen* oder *ein Haus bauen*. Das Resultat der Aktionen kann wiederum je nach Instanz von Mensch unterschiedlich sein, z.B. wird ein Haus, das von einem Laien gebaut wurde, höchstwahrscheinlich ganz anders aussehen als das, das von einem Experten gebaut wurde.

In C# sind bereits viele Klassen, die nützliche Funktionalitäten besitzen, enthalten. Wir können jedoch auch eigene Klassen mit selbst festgelegten Eigenschaften und Funktionalitäten erstellen. Eine Klasse ist also nichts anderes als ein eigener Datentyp. Nachdem wir eigene Klassen definiert haben, können wir gewöhnliche Variablen erstellen und diesen Variablen Instanzen unserer eigenen Klasse zuweisen.

6.1 Merkmale von Klassen

Eine Klasse wird durch drei Arten von Merkmalen charakterisiert: den Klassennamen, die Eigenschaften der Klasse sowie die Aktionen, die Instanzen der Klasse durchführen können. In der C#-Terminologie nennt man die Eigenschaften *Attribute* und die Aktionen *Methoden*.

In Abschnitt 2.3.2 hatten wir bereits kurz gesehen, wie man vorhandene Methoden von Objekten aufrufen kann. Hier soll es nun aber zunächst darum gehen, wie man selber Klassen mit eigenen Attributen und Methoden erschaffen („definieren") kann. Danach befassen wir uns ausführlich damit, wie wir Instanzen von Klassen erzeugen können und wie diese verwendet werden können.

6.1.1 Klassenname

Als Namen für eine Klasse sollte man immer eine sprechende Bezeichnung wählen (also z.B. `Mensch`, nicht aber `XR34mK`). In Wesentlichen sind Zahlen, Buchstaben und Unterstriche erlaubt, jedoch keine Leerzeichen.

Der Klassenname muss eindeutig sein, d.h. man darf nicht mehrere Klassen in einem Programm haben, die denselben Namen tragen. Dies bezieht sich jedoch auf den kompletten Namen, d.h. in unterschiedlichen Namensräumen (siehe Abschnitt 2.1) kann es Klassen mit demselben Namen geben. Namensräume werden wir später noch genauer betrachten.

6.1.2 Attribute

Eine Klasse kann eine beliebige Anzahl von Attributen besitzen. Ein Attribut ist nichts anderes als einfach eine Variable, der man z.B. einen Wert eines Basis-Datentypen zuweisen kann.

Verdeutlichen wir uns das an einem Beispiel: die zuvor erwähnte Klasse `Mensch` könnte ein Attribut `gewicht` vom Typ `double` haben. Jede Instanz der Klasse `Mensch` kann nun einen Wert für dieses Attribut aufnehmen. Bei der Instanz `Erna` könnte das Attribut beispielsweise den Wert 52.5 haben und bei der Instanz `Michael` den Wert 82.0. Erna würde also 52.5 kg wiegen und `Michael` 82 kg.

Attribute sind aber nicht auf die Basis-Datentypen wie `int`, `string`, usw. beschränkt, sondern es können auch Attribute von selbstdefinierten Typen (also eigenen Klassen) erstellt werden. Ein Attribut würde demnach auf eine Instanz einer Klasse verweisen. Beispielsweise könnte die Klasse `Mensch` ein Attribut `BesterFreund` haben, sodass dieses Attribut bei einer Instanz von `Mensch` auf eine andere Instanz von `Mensch` verweist. Wenn `Michael` der beste Freund von `Erna` wäre, würde das Attribut `BesterFreund` bei der Instanz `Erna` auf die Instanz `Michael` verweisen.

Charakteristisch für Klassen ist, dass jede Instanz einer Klasse die gleichen Attribute besitzt, die konkreten Werte dieser Attribute sich jedoch unterscheiden können.

Attribute werden angelegt wie einfache Variablen:

```
double gewicht;
```

Wenn man auf ein Attribut innerhalb derselben Klasse, zu der das Attribut gehört, zugreifen möchte, kann man es einfach über seinen Namen ansprechen:

```
gewicht = 52.5;
double gewichtAktuellesObjekt = gewicht;
```

Möchte man später auf ein Attribut bei einem bestimmten Objekt zugreifen, benötigt man zusätzlich den Namen des Objektes:

```
erna.gewicht = 52.5;
double gewichtVonErna = erna.gewicht;
```

6.1.3 Methoden

Die Funktionalitäten, die eine Klasse besitzt (also die Aktionen, die ausgeführt werden können), nennt man Methoden. Eine Klasse kann eine beliebige Anzahl von Methoden beinhalten. Eine Methode ist dabei nichts weiter als eine Ansammlung von Code-Anweisungen, die beim Aktivieren der Methode ausgeführt werden sollen. Das Aktivieren einer Methode bezeichnet man als *Methodenaufruf*: die in der Methode enthaltene Funktionalität wird dann ausgeführt.

Methoden werden z.B. dann verwendet, wenn man denselben Code mehrmals an verschiedenen Stellen ausführen möchte. Man erzeugt eine Methode, steckt den Code, der mehrfach ausgeführt werden soll in diese Methode und kann dann später einfach diese Methode *aufrufen*, um den Code auszuführen.

Eine Methode kann sogenannte *Parameter* besitzen. Parameter sind wiederum Variablen, die vom Code der Methode verwendet werden können, die aber erst beim tatsächlichen Aufruf der Methode festgelegt werden müssen. Denken Sie wieder an die Klasse `Mensch`. Diese könnte eine Methode `gehen` haben. Als Parameter würde die Methode eine Variable `entfernung` erhalten, die angibt, wie weit die `Mensch`-Instanz gehen soll. Diese Variable wird nun im Code der Methode `gehen` verwendet, um intern z.B. die Position entsprechend der Distanz zu ändern. Ein tatsächlicher Wert für den Parameter muss aber erst angegeben werden, wenn die Methode aufgerufen wird. Eine Methode kann auch mehrmals und mit unterschiedlichen Parameterwerten aufgerufen werden. Im Beispiel könnte der `Mensch` also mehrmals eine Bewegung ausführen und dabei auch unterschiedliche Distanzen zurück legen. Eine Methode kann eine beliebige Anzahl an Parametern besitzen. Die als Parameter benutzen Variablen können von beliebigen Datentypen sein, also z.B. von den Basis-Datentypen wie `int` oder `string`, es können auch selbstdefinierte Typen verwendet werden.

Zudem kann eine Methode auch einen sogenannten *Rückgabewert* besitzen. Einen Rückgabewert kann man sich vorstellen wie ein Endergebnis einer Methode. Eine Methode ist ja grundsätzlich dazu angedacht, eine bestimmte Aufgabe durchzuführen. Das Ergebnis, das aus der Durchführung dieser Aufgabe entsteht, kann dann an die aufrufende Stelle zurück gegeben werden. Verdeutlichen wollen wir das wieder mit einem Beispiel: stellen Sie sich vor, wir hätten eine Klasse `Kaffeemaschine`, und diese Klasse hätte eine Methode `CapuccinoZubereiten`. Beim Aufruf dieser Methode sollte also ein Capuccino zubereitet werden. Der fertig zubereitete Capuccino wäre dann der Rückgabewert der Methode. Der Rückgabewert einer Methode kann wiederum einen beliebigen Datentyp haben, also sowohl Basis-Datentypen wie `int` und `string` oder einen selbstdefinierten Datentypen (d.h. der Rückgabewert wäre die Instanz einer Klasse). Anders als bei Parametern kann eine Methode jedoch nicht mehrere Rückgabewerte haben, sondern maximal einen.

Methoden sind in der Regel an Instanzen einer Klasse gebunden: eine Methode wird nicht „einfach so" aufgerufen, sondern nur in Verbindung mit einer konkreten Instanz einer Klasse. Alle Änderungen, die diese Methode dann vornimmt, beziehen sich nur auf diese konkrete Instanz der Klasse. Denken Sie wieder an die Klasse `Mensch` und die zuvor erwähnte Methode `gehen`. Ein Aufruf der Methode macht nur Sinn in Verbindung mit einer konkreten Instanz von `Mensch`. Intern wird dann z.B. die Position dieser Instanz geändert (d.h. das Attribut, das die Position speichert), möglicherweise andere existierenden Instanzen bleiben aber unverändert.

Methoden werden über folgende Syntax angelegt:

```
Rueckgabetyp Methodenname(<Liste_der_Parameter>)
{
  Anweisung_1;
  Anweisung_2;
  ...
}
```

Wenn eine Methode keinen Rückgabewert besitzen soll, wird der Rückgabetyp void benutzt. Die Elemente der Parameterliste werden durch Kommata getrennt. Für jeden Parameter wird der Typ des Parameters sowie der gewählte Name angegeben.

Beispiel:

```
void gehen(int distanz)
{
  position += distanz;
}
```

Beim Aufruf einer Methode innerhalb der eigenen Klasse wird die Methode einfach durch den Methodennamen angesprochen, der die Parameterliste folgt. Die Parameter werden nun jedoch nur noch über ihren Namen angesprochen, der Typ braucht nicht erneut angegeben zu werden:

```
gehen(17);
```

Wenn eine Methode später auf einem bestimmten Objekt aufgerufen wird, muss zusätzlich der Name des Objektes angegeben werden:

```
erna.gehen(17);
```

Bei Methoden, die einen Rückgabewert besitzen, wird der Rückgabewert über die return-Anweisung zurückgegeben. Durch die Verwendung der return-Anweisung wird die Ausführung der Methode auf jeden Fall beendet.

```
int addiere(int summand1, int summand2)
{
  return summand1 + summand2;
}
```

Aufrufe von Methoden, die einen Wert zurück geben, können auf der rechten Seite einer Zuweisung verwendet werden. Der zurückgegebene Wert wird dann bei der Zuweisung verwendet:

```
int summe = addiere(2, 5);
```

Das return-Statement kann innerhalb von void-Methoden verwendet werden, um die Ausführung der Methode vorzeitig abzubrechen:

```
void doSomething(int arg1)
{
  if (arg1 > 12)
    return;

  int arg2 = 12 - arg1;
  ...
}
```

Eine Klasse kann übrigens mehrere Methoden mit demselben Namen haben, so lange sich die Parameterlisten unterscheiden. Mehrere Methoden, die sowohl den selben Namen als auch dieselbe Parameterliste besitzen und sich nur im Rückgabetyp unterscheiden, sind dagegen nicht möglich.

6.1.4 default-Parameter

In C# ist es möglich, bei Methoden sogenannte *Standardparameter* (auch *default-Parameter* genannt) zu verwenden. Für einen Standardparameter kann man bereits beim Definieren der Methode einen Standartwert vorgeben, der bei der Ausführung der Methode verwendet wird, sofern dann kein anderer Wert gesetzt wird.

Wenn eine Methode einen Standard-Parameter besitzt, muss dieser Parameter beim Aufruf der Methode nicht zwingend gesetzt werden. Wird der Parameter beim Methodenaufruf nicht gesetzt, wird der Standard-Wert bei der Ausführung verwendet, andernfalls wird der bei der Ausführung gesetzte Wert verwendet.

```
void printMe(int number = 10)
{
  System.out.println(number);
}
```

Im gezeigten Beispiel wird für den Parameter `number` der Standardwert 10 gesetzt. Wenn wir die Methode aufrufen, können wir nun entweder einen eigenen Wert für den Parameter `number` setzen oder aber den Standardwert nutzen.

```
// Aufruf 1: Der Standardwert wird genutzt,
// es wird der Wert 10 auf der Kommandozeile
// ausgegeben
printMe();

// Aufruf 2: Wir setzen den Parameter explizit
// auf den Wert 5. Dieser wird daher auf der
// Kommandozeile ausgegeben.
printMe(5);
```

Eine Methode kann auch mehrere Standardparameter besitzen. Beim Aufruf einer solchen Methode können dann entweder alle, keine oder nur manche der Standardparameter explizit mit neuen Werten belegt werden. Wenn nur manche der Standardparameter mit neuen Werten belegt werden, so müssen es jeweils chronologisch die zuerst deklarierten Parameter sein. Wenn eine Methode beispielsweise 5 Standardparameter besitzt und bei einem Aufruf der Methode 3 dieser Parameter neu gesetzt werden, so müssen es genau die ersten drei Parameter sein. Es ist also z.B. nicht möglich, den ersten, dritten und fünften Parameter neu zu belegen.

Eine Methode kann sowohl normale Parameter als auch Standardparameter besitzen. In diesem Fall müssen die Standardparameter jedoch alle nach den normalen Parametern deklariert werden:

```
void myMethod(int a, int b, int c = 12, int d = 15, string name = "Daniel")
{ ... }
```

In einer Parameterliste darf hinter einem Standardparameter kein normaler Parameter mehr folgen, andernfalls führt dies zu einem Compiler-Fehler (d.h. das Programm kann nicht übersetzt werden).

```
void myMethod(int a, int b, int c = 12, int d)
{ ... }
// Compilerfehler!
```

6.1.5 Zugriffsmodifizierer

Wie wir zuvor gelernt haben, bestehen Klassen im Wesentlichen aus Attributen und Methoden. Über Instanzen der Klassen kann auf diese Attribute und Methoden zugegriffen werden. Es gibt jedoch das Konzept der *Zugriffsmodifizierer*. Mit Zugriffsmodifizierern kann der Zugriff auf bestimmte Attribute und Methoden beschränkt werden.

Die wichtigsten Zugriffsmodifizierer sind `public` und `private`. Für öffentliche (`public`) Attribute und Methoden besteht keinerlei Zugriffsbeschränkung: auf sie kann jederzeit zugegriffen werden (d.h. Attribute können jederzeit ausgelesen und geändert werden, Methoden können jederzeit aufgerufen werden). Auf die privaten Attribute und Methoden kann dagegen nur innerhalb der eigenen Klasse zugegriffen werden. Wenn eine Klasse ein privates Attribut besitzt, kann auf dieses nur innerhalb der Methoden derselben Klasse zugegriffen werden. Wenn wir später andernorts eine Instanz der Klasse erstellen, haben wir dort keinen Zugriff auf das private Attribut. Ebenso verhält es sich mit privaten Methoden.

Neben `public` und `private` gibt es noch weitere Zugriffsmodifizierer. Einen davon werden wir später noch kennen lernen.

Die Zugriffsmodifizierer werden bei der Erstellung von Attributen und Methoden der Definition vorangestellt:

```
private int gewicht;
public void gehen(int distanz)
{
  position += distanz;
}
```

6.1.6 getter und setter

Nun fragen Sie sich vielleicht, warum man den Zugriff auf Attribute und Methoden beschränken sollte. Das macht es doch unnötig kompliziert, oder?

Bei der objektorientierten Programmierung möchte man Probleme bzw. deren Lösungen mit Hilfe von autonomen Objekten modellieren. Ein Objekt soll in sich stimmig sein, es soll Sinn ergeben. Das Objekt soll bestimmte Schnittstellen haben, mit Hilfe derer es mit der Außenwelt interagieren kann. Die Innereien müssen der Außenwelt nicht unbedingt bekannt sein. Wenn Sie eine Klasse `Addierer` haben und eine Methode `addiereZweiZahlen`, dann ist es für die Außenwelt nur wichtig, dass die Methode das korrekte Ergebnis liefert. Wie genau die Methode zu dem Ergebnis gekommen ist, ist dagegen irrelevant. Es mag verschiedene Methoden geben, zwei Zahlen zu addieren - eventuell möchte man ja später eine bessere, effizientere Methode verwenden? Daher schützt man den Zugriff auf die Innereien - so kann man sicher sein, dass die Innereien nicht auch an anderen Stellen im Programm verwendet werden. Deshalb kann man später eine private Hilfe-Methode auch einfach entfernen und durch eine effizientere Methode ersetzen.

Außerdem möchte man, dass sich ein Objekt zu jedem Zeitpunkt in einem konsistenten Zustand befindet. Was bedeutet konsistenter Zustand? Denken Sie wieder an unsere fiktive Klasse Mensch mit dem Attribut gewicht. Wäre das Attribut öffentlich, könnte es einfach von außen verändert werden, mit jedem beliebigen Wert - z.B. auch einem negativen Wert. Ein Mensch mit einem negativen Gewicht wäre natürlich unsinnig, das Objekt wäre nicht in einem konsistenten Zustand. Daher macht man das Attribut privat und lässt einen Zugriff von außen nur über Zugriffsmethoden zu. In den Zugriffsmethoden kann man ungültige Werte abfangen und damit sicherstellen, dass niemals ein ungültiger Wert von außen zugewiesen wird.

Bei den Zugriffsmethoden unterscheidet man getter und setter. getter werden verwendet, um auf den Wert einer Variablen zuzugreifen und mit settern kann man den Wert einer Variable ändern. Dabei können dann z.B. auch ungültige Werte abgefangen werden. Als Programmierer können Sie natürlich immer selbst entscheiden, ob Sie getter/setter-Methoden verwenden und welche Besonderheiten diese aufweisen sollen. Sie haben damit die volle Kontrolle darüber, wie auf die Daten eines Objektes zugegriffen werden kann.

```
public void setGewicht(double neuesGewicht)
{
  if (neuesGewicht > 0)
    gewicht = neuesGewicht;
}


public double getGewicht()
{
  return gewicht;
}
```

6.1.7 C# Eigenschaften

In C# gibt es noch eine Sonderform von Attributen, die sogenannten *Eigenschaften*. Eigenschaften sind gewissermaßen eine Mischung aus Attribut und Methode. Eine Eigenschaft kann verwendet werden wie ein Attribut, tatsächlich handelt es sich jedoch um Methoden. Für jede Eigenschaft können dabei zwei Methoden angegeben werden: eine Methode, die verwendet wird, wenn die Eigenschaft gelesen wird sowie eine Methode, die verwendet wird, wenn die Eigenschaft geschrieben wird.

Man verwendet Eigenschaften daher oft als Ersatz für getter- und setter-Methoden. Eine Eigenschaft wird nach folgender Syntax angelegt:

```
Zugriffsmodifizierer Typ Name
{
  get
  {
    Anweisung_get_1;
    ...
  }
  set
  {
    Anweisung_set_1;
    ...
  }
}
```

Statt der im vorherigen Abschnitt gezeigten getter- und setter-Methoden können wir also eine Eigenschaft Gewicht (bei der Namensgebung wird zwischen Klein- und Großschreibung unterschieden) wie folgt anlegen:

```
public double Gewicht
{
  get
  {
    return gewicht;
  }
  set
  {
    if (value > 0)
      gewicht = value;
  }
}
```

Innerhalb der Definition des set-Blocks der Eigenschaft wird das Schlüsselwort value verwendet, um auf den gesetzten Wert zuzugreifen.

Wenn wir die Eigenschaft lesen, wird der get-Block ausgeführt:

```
double ernaGewicht = erna.Gewicht;
```

Wenn wir die Eigenschaft schreiben, wird dagegen der set-Block ausgeführt:

```
erna.Gewicht = 53;
```

Die Eigenschaft lässt sich also „von außen" benutzen wie ein Attribut, in Wirklichkeit handelt es sich aber um zwei Methoden, die ausgeführt werden je nachdem ob es sich um einen Lese- oder einen Schreibzugriff handelt.

Eigenschaften müssen nicht zwingend einen set- und einen get-Block beinhalten. Insbesondere den set-Block lässt man häufig weg, wenn man keinen Schreibzugriff ermöglichen möchte. Außerdem kann man für die beiden Blöcke individuell unterschiedliche Zugriffsmodifizierer angeben:

```
public double Gewicht
{
  get
  {
    return gewicht;
  }
  private set
  {
    if (value > 0)
      gewicht = value;
  }
}
```

In diesem Fall wird der Schreib-Zugriff auf private gesetzt, er wäre damit nur noch innerhalb der Klasse selbst möglich. Beachten Sie, dass für die Teil-Blöcke nur restriktivere Modifizierer gesetzt werden können als für die Eigenschaft selbst. Wäre eine Eigenschaft als private deklariert, können Sie die einzelnen Blöcke also nicht auf public setzen.

Außerdem gibt es sogenannte *automatische Eigenschaften*. Bei einer automatischen Eigenschaft wird vom Compiler automatisch ein privates Attribut generiert, auf das dann durch die Eigenschaft zugegriffen werden kann. Dies ist dann der Fall, wenn Sie den Rumpf des `get` und des `set`-Blockes auslassen:

```
public double Gewicht { get; private set; }
```

In diesem Fall wird ein (unsichtbares) Attribut generiert, das öffentlich gelesen, jedoch nur privat geschrieben werden kann.

6.1.8 Statische Attribute und Methoden

Zuvor haben wir gesagt, dass sich Attribute und Methoden immer auf eine konkrete Instanz einer Klasse beziehen. Tatsächlich kann man jedoch auch Attribute und Methoden anlegen, die sich nicht auf ein konkretes Objekt beziehen, sondern global auf die gesamte Klasse. Man spricht dann von statischen Attributen bzw. statischen Methoden.

- Ein statisches Attribut ist ein Attribut, das nicht an ein bestimmtes Objekt gekoppelt ist, sondern an die gesamte Klasse. Das Attribute wird für die gesamte Klasse nur ein einziges Mal vergeben. Es kann also nicht für jede Instanz einer Klasse einen unterschiedlichen Wert annehmen, sondern nur einen einzelnen Wert.

  Das statische Attribut kann demnach bereits existieren, wenn es noch gar keine Instanz einer Klasse gibt. Denken Sie wieder an unsere fiktive Klasse `Mensch`. Diese könnte eine statische `double`-Variable `maximalGewicht` haben. Diese statische Variable kann man bereits mit einem Wert belegen und wieder darauf zugreifen, bevor überhaupt eine Instanz der entsprechenden Klasse existiert.

  Bei der Definition eines statischen Attributes wird zusätzlich zu den bereits bekannten Elementen noch das Schlüsselwort `static` hinzugefügt:

  ```
  public static double maximalGewicht;
  ```

  Möchte man auf ein statisches Attribut zugreifen, verwendet man statt dem Namen des Objektes den Namen des Typen:

  ```
  int maxGewicht = Mensch.maximalGewicht;
  ```

- Eine statische Methode ist dementsprechend das Analogon zur gewöhnlichen Methode. Die Methode bezieht sich nicht auf eine bestimmte Instanz einer Klasse, sondern auf die Klasse als ganzes. Die statische Methode hat keinen direkten Zugriff auf die nicht-statischen Attribute und Methoden der Klasse, denn diese sind ja an konkrete Instanzen der Klasse gekoppelt. Wird dagegen innerhalb einer statischen Methode auch ein konkretes Objekt verwendet, kann man bei dem konkreten Objekt natürlich auch auf die nicht-statischen Attribute und Methoden zugreifen.

  Bei der Erstellung einer statischen Methode wird ebenfalls das Schlüsselwort `static` zur Definition hinzugefügt:

  ```
  public static void doSomething()
  {
      ...
  }
  ```

Der Zugriff erfolgt abermals unter Nutzung des Typnamens statt des Objektnamens:

```
MeinTyp.doSomething();
```

6.1.9 Konstruktoren

Konstruktoren sind spezielle Methoden, die verwendet werden, um ein Objekt zu erstellen. Immer, wenn man ein neues Objekt erstellen möchte, muss man dafür einen Konstruktor benutzen. Innerhalb des Konstruktors wird das Objekt initialisiert, d.h. es werden zum Beispiel die Attribute mit sinnvollen Startwerten belegt.

Eine Klasse kann mehrere Konstruktoren besitzen. Konstruktoren, die keine Parameter nehmen, nennt man Standardkonstruktor. Wenn Sie einer Klasse keinen Konstruktor hinzufügen, wird automatisch ein Standardkonstruktor generiert. Innerhalb des Standardkonstruktors werden dabei alle Attribute mit Default-Werten vorbelegt.

Ein Konstruktor wird über folgende Syntax erzeugt:

```
Zugriffsmodifizierer Name_des_Typs(<Liste_der_Parameter>)
{
  Anweisung_1;
  ...
}
```

Innerhalb des Rumpfs des Konstruktors darf das Schlüsselwort `return` nicht verwendet werden. Das initialisierte neue Objekt wird vom Konstruktor automatisch zurückgegeben.

Beim Aufruf eines Konstruktors muss das Schlüsselwort `new` verwendet werden. Da der Konstruktoraufruf automatisch das neu erstellte Objekt zurück gibt, kann er auf der rechten Seite einer Zuweisung verwendet werden:

```
Mensch erna = new Mensch();
```

6.1.10 Das Schlüsselwort this

Innerhalb der Definition einer Klasse kann man, wie zuvor erwähnt, einfach über den Namen auf Attribute und Methoden der eigenen Instanz zugreifen. Um zu verdeutlichen, dass sich ein Zugriff auf die aktuelle Instanz bezieht, kann man das Schlüsselwort `this` verwenden:

Anstatt von

```
gewicht = 52;
essen();
```

schreibt man dann

```
this.gewicht = 52;
this.essen();
```

6.2 Klassen definieren

Jetzt haben wir die wichtigsten Merkmale von Klassen gesehen und wollen nun einmal alles zusammen setzen, um eine eigene Klasse zu erstellen. Wir definieren hier die Klasse Mensch, die wir zuvor bereits mehrfach zur Veranschaulichung von Konzepten betrachtet haben.

```csharp
public class Mensch
{
  public int groesse { get; private set; }
  private double gewicht;
  public int position { get; private set; }
  private int energieReserven;

  private static double maxGewicht = 150.0;

  public double Gewicht
  {
    get
    {
      return gewicht;
    }
    private set
    {
      if (value > 0 && value <= Mensch.maxGewicht)
        gewicht = value;
    }
  }

  public Mensch(int _groesse, double gewicht)
  {
    groesse = _groesse;
    Gewicht = gewicht;

    position = 0;

    energieReserven = 100;
  }

  public void Bewegung(int distanz)
  {
    if (energieReserven >= distanz)
    {
      position += distanz;
      energieReserven -= distanz;
    }
  }

  public void NehmeEineErfrischung()
  {
    energieReserven += 50;
  }

  public void Essen()
  {
    Gewicht += 0.5;
  }
}
```

Diese Klassendefinition gehen wir jetzt im Detail durch. Eine Klasse wird erzeugt durch den Ausdruck

```
Sichtbarkeitsmodifizierer class Klassenname
{
  ...
}
```

Auch die Sichtbarkeit einer Klasse kann durch einen Modifizierer eingeschränkt werden, in den meisten Fällen macht hier aber nur `public` Sinn. Danach folgt das Schlüsselwort `class`, danach der selbst gewählte Name der Klasse. Das nachfolgende Paar von geschweiften Klammern signalisiert, dass alles, was sich innerhalb des Klammerpaares befindet, zur Klasse gehört.

Innerhalb der Klasse finden wir nun die einzelnen Elemente, die wir zuvor besprochen haben. Es werden zwei automatische Eigenschaften `groesse` und `position` erzeugt, die öffentlich gelesen und privat geschrieben werden können. Zudem definieren wir zwei private Attribute `gewicht` und `energieReserven`.

Es folgt ein privates, statisches Attribut `maxGewicht`, das direkt mit dem Wert 150 belegt wird.

Was hat es mit diesen Attributen und Eigenschaften auf sich? Nun, wir wollen ja eine Klasse erschaffen, die einen Mensch repräsentieren soll. Ein Mensch hat eine bestimmte Größe und ein Gewicht, daher sind die Attribute/Eigenschaften `groesse` und `gewicht` relativ intuitiv. Doch was ist mit `position` und `energieReserven`?

Es soll ja später konkrete Instanzen der Klasse geben, also Objekte. Und jeder Mensch hat zu jedem Zeitpunkt eine exakt definierte Position (die z.b. über geografische Koordinaten angegeben wird). Wir vereinfachen das Konzept hier extrem, indem wir eine Position einfach darstellen durch einen einzelnen `int`-Wert.

Das Attribut `energieReserven` soll (wiederum stark vereinfacht) angeben, wieviel Energie ein Objekt vom Typ `Mensch` noch besitzt. Der Sinn dahinter ist, dass ein Mensch bestimmte Aktionen nur ausführen kann, wenn noch Energie vorhanden ist. Nehmen wir als Beispiel wieder eine Analogie aus der realen Welt: wenn Sie abends müde und erschöpft von der Arbeit heimkommen, haben Sie vermutlich nicht mehr die Energie, um noch einen Marathon zu laufen ...

Das statische Attribut `maxGewicht` soll, wie der Name vermuten lässt, das maximal mögliche Gewicht eines `Mensch`-Objektes festlegen.

Für den Zugriff auf das private Attribut `gewicht` erstellen wir nun eine Eigenschaft `Gewicht` (da Groß- und Kleinschreibung bei der Namensgebung unterschieden werden handelt es sich bei `gewicht` und `Gewicht` um zwei verschiedene Namen). Der Lese-Zugriff soll ohne Einschränkung erfolgen. Beim Schreiben wird jedoch zunächst geprüft, ob der neue Wert größer als 0 ist und ob er den statisch gesetzten Maximalwert (also 150) nicht überschreitet. Nur wenn das der Fall ist, wird das private Attribut `gewicht` entsprechend geändert.

Der Konstruktor der Klasse Mensch initialisiert die Werte für Größe und Gewicht mit den per Parameter übergebenen Werten. Zudem wird die Position auf 0 gesetzt und die Energiereserven auf 100.

Es folgen die Methoden der Klasse, die den Aktionen, die ein `Mensch`-Objekt ausführen kann, entsprechen. Wenn eine Bewegung ausgeführt werden soll, wird zunächst geprüft, ob die Energiereserven noch ausreichen (eine Einheit der Energiereserven entspricht demnach einer Einheit der

Position). Nur wenn das der Fall ist, wird die Bewegung entsprechend ausgeführt: d.h. die Position wird um den angegebenen Wert vergrößert und die Energiereserven entsprechend reduziert.

Damit der `Mensch` nicht irgendwo strandet und keine Aktionen mehr ausführen kann, wenn die initialen Energiereserven aufgebraucht sind, gibt es eine Methode zum Auffrischen. Diese Methode vergrößert einfach die Energiereserven um 50 Einheiten.

Schließlich gibt es noch eine Methode `Essen`, die lediglich das Gewicht um 0.5 (kg) vergrößert.

6.3 Klassen und Objekte verwenden

Jetzt haben wir gesehen, wie man eigene Klassen erzeugen kann. Nun wollen wir uns ansehen, wie Klassen verwendet werden können und konkrete Instanzen von den eigenen Klassen erzeugt werden.

Die Deklaration einer Variable eines Klassentyps erfolgt analog zur Deklaration einer Variable eines Basis-Datentyps wie `int` oder `string`:

```
Mensch erna;
```

Um tatsächlich ein Objekt zu erzeugen, benötigen wir den `new`-Operator. Mit diesem kann ein Konstruktor einer Klasse aufgerufen werden.

```
erna = new Mensch(165, 52);
```

Im Beispiel werden dem Konstruktor also die Parameter 165 und 52 übergeben, die der Konstruktor dann, wie in der vorherigen Definition der Klasse `Mensch` zu sehen, für die Initialisierung von Größe und Gewicht benutzt.

Auf die Attribute, Eigenschaften und Methoden können wir dann über die allgemeine Syntax

```
Name_des_Objektes.Attributname
Name_des_Objektes.Eigenschaftname
Name_des_Objektes.Methodenname(<Liste_der_Parameter>)
```

zugreifen. Eine Interaktion mit dem Mensch-Objekt `erna` könnte beispielsweise wie folgt aussehen:

```
Mensch erna = new Mensch(165, 52);
int ernaGroesse = erna.groesse;
int ernaPosition = erna.position;

erna.Bewegung(40);
ernaPosition = erna.position;

erna.Bewegung(70);
ernaPosition = erna.position;

erna.NehmeEineErfrischung();
erna.Bewegung(70);
ernaPosition = erna.position;

erna.Essen();
double ernaGewicht = erna.Gewicht;
```

Nachdem wir das `Mensch`-Objekt `erna` erstellt haben, erzeugen wir zwei Variablen `ernaGroesse` und `ernaPosition`, in die wir die Initialwerte der Eigenschaften `groesse` und `position` von Erna speichern. Die Größe sollte also 165 (cm) sein und die Position 0.

Nun führen wir zum ersten Mal eine Bewegung um 40 Einheiten (sagen wir, eine Einheit entspräche einem Meter) durch. Entsprechend werden `erna`s Energiereserven von initialen 100 auf 60 verringert, und die Position ändert sich von 0 auf 40. Wir fragen danach den Wert der Eigenschaft `position` erneut ab und speichern ihn in der Variable `ernaPosition`. In der Variable sollte jetzt der Wert 40 gespeichert sein.

Nun wollen wir eine erneute Bewegung um 70 Meter durchführen. Da `erna` jedoch nur noch 60 Energiereserven hat, kann die Bewegung nicht durchgeführt werden. Das heißt, auch die nachfolgende Abfrage der Position ergibt weiterhin 40, da keine Bewegung stattgefunden hat.

Nun laden wir `erna`s Energiereserven durch den Aufruf von `NehmeEineErfrischung` wieder auf - die Energiereserven steigen also von 60 auf 110.

Wenn wir jetzt erneut versuchen, die Bewegung um 70 Meter auszuführen, ist dies erfolgreich, da nun genügend Energiereserven vorhanden sind. Die Position ändert sich also von 40 zu 110 und die Energiereserven sinken von 110 auf 40.

Abschließend rufen wir noch die Methode `Essen` auf. Dadurch ändert sich das Gewicht von 52 auf 52.5 (kg), was wir durch den nachfolgenden Zugriff auf die Eigenschaft `Gewicht` erfahren können.

6.4 Namensräume

Zu Beginn hatten wir bereits kurz über Namensräume gesprochen. Namensräume fungieren als Präfix für Klassennamen, die innerhalb des Namensraums definiert wurden. Der vollständige Name einer Klasse ergibt sich also immer aus dem Namensraum, in dem die Klasse erstellt wurde, und dem individuell gewählten Namen für die Klasse.

Der (vollständige) Name einer Klasse muss innerhalb eines Programms eindeutig sein. Sie können aber in verschiedenen Namensräumen unterschiedliche Klassen mit demselben Namen haben. Das ist möglich, weil sich der vollständige Name, in dem auch der Namensraum vorkommt, unterscheidet.

Man verwendet Namensräume, um Klassen, zwischen denen ein Bezug besteht, zu gruppieren. Namensräume können auch hierarchisch aufgebaut sein, d.h. ein Namensraum kann auch Unter-Namensräume beinhalten.

Unsere Klasse Mensch könnte z.B. Teil der folgenden Hierarchie sein:

```
meineklassen
   lebewesen
      Mensch
      Tier
   geraete
      Roboter
      Traktor
```

```
externeklassen
   hilfsklassen
      Rechner
      Stringfunktionen
```

Die Klasse `Mensch` wäre demnach Teil des Namensraums lebewesen. Der Namensraum lebewesen wiederum wäre Teil des Namensraumes meineklassen. Der Namensraum meineklassen besteht aus den Unter-Namensräumen lebewesen und geraete.

Die Namensraumhierarchie ist immer Teil des voll ausqualifizierten Namens einer Klasse. Der vollständige Name der Klasse `Mensch` wäre also gemäß obiger Namensraumhierarchie `meineklassen.lebewesen.Mensch`. Innerhalb des Namensraumes geraete könnten wir nun zum Beispiel eine weitere Klasse `Mensch` anlegen. Das würde gehen, weil der vollständige Name dieser Klasse dann `meineklassen.geraete.Mensch` lauten würde und damit kein Konflikt mit der Klasse im Namensraum lebewesen besteht. Im Namensraum lebewesen kann dagegen keine weitere Klasse mit dem Namen Mensch `erzeugt` werden.

Namensräume werden in den Quellcode-Dateien über folgende Syntax gesetzt:

```
namespace Name_des_Namensraums
{
  ...
}
```

Alle innerhalb des Klammerpaares definierten Klassen gehören dann zum angegebenen Namensraum. Namensraum-Hierarchien können erzeugt werden entweder durch ineinander verschachtelte Namensraum-Definitionen oder durch Verwendung des Punkt-Operators (.) zum Trennen der Hierarchieebenen. Die beiden folgenden Definitionen sind also äquivalent:

```
namespace meineklassen
{
  namespace lebewesen
  {
    public class Mensch { ... }
  }
}

namespace meineklassen.lebewesen
{
  public class Mensch { ... }
}
```

6.4.1 Zugriff auf Klassen innerhalb von Namensräumen

Nun stellt sich noch die Frage, welchen Namen man verwenden muss, um auf Klassen zuzugreifen, die sich innerhalb von Namensräumen befinden. Merken Sie sich dazu die folgenden Grundregeln:

- Wenn Sie sich innerhalb einer Klasse befinden, die im selben Namensraum liegt, können Sie den einfachen Namen verwenden und brauchen den Namen nicht voll auszuqualifizieren. Wenn Sie also z.B. in der Hierarchie aus dem vorherigen Abschnitt gerade die Klasse `Tier` implementieren, können Sie auf die Klasse `Mensch` mit dem einfachen Namen zugreifen.

- Wenn Sie sich innerhalb einer Klasse befinden, die in einem anderen Namensraum liegt, dann muss der Klassenname voll ausqualifiziert werden. Wenn Sie also die Klasse `Roboter` aus dem Beispiel implementieren, dann müssen Sie den vollen Namen `meineklassen.lebewesen.Mensch` verwenden, um unsere `Mensch`-Klasse zu benutzen.

- Namensräume werden häufig verwendet in C# und sehr oft wird man Klassen verwenden, die nicht im selben Namensraum liegen. Das heißt, man müsste recht häufig die voll ausqualifizierten Namen von Klassen verwenden. Da dies recht mühsam wäre, gibt es eine Abkürzung. Wir können einen ganzen Namensraum in eine Quellcode-Datei einbinden. Danach können wir die Klassen, die in diesem Namensraum liegen, mit einfachem Namen ansprechen.

Namensräume können durch Verwendung des `using`-Statements eingebunden werden. Die `using`-Statements verwendet man am Anfang einer Quellcode-Datei, um alle benötigten Namensräume einzubinden. Den Namensraum `meineklassen.lebewesen` können wir über folgendes using-Statement einbinden:

```
using meineklassen.lebewesen;
```

Die Klassen, die uns von C# bereits zur Verfügung gestellt werden, liegen auch jeweils in Namensräumen. Man verwendet `using`-Statements daher oft, um bestimmte Funktionalitäten von C# in eine Quellcode-Datei einzubinden, z.B. Netzwerk-Funktionen oder Funktionalitäten zum Erstellen von grafischen Benutzeroberflächen.

6.5 Klassen in Visual Studio anlegen

Jetzt haben wir gesehen, wie man Klassen erstellen und verwenden kann. Nun wollen wir uns noch damit beschäftigen, wie das konkret in Visual Studio umzusetzen ist.

Zunächst mal: wie man eine neue Projektmappe in Visual Studio erstellen kann, haben wir in Kapitel 2 bereits gesehen. Um ein neues Projekt zu einer Projektmappe hinzuzufügen, klicken wir im Projektmappen-Explorer mit der rechten Maustaste auf den obersten Eintrag (also die Projektmappe) und wählen im erscheinenden Kontext-Menü *Hinzufügen → Neues Projekt*. Im sich öffnenden Dialog wählen wir auf der linken Seite *Installiert → Visual C# → Klassischer Windows-Desktop*. In der Liste in der Mitte des Dialogs wählen wir nun **Konsolen-App (.NET-Framework)**. Nun können wir weiter unten noch einen Namen für das neue Projekt angeben und dann durch Klick auf OK das Projekt zur Projektmappe hinzufügen.

Wenn mehrere Projekte in einer Projektmappe gespeichert sind, kann man das Startprojekt auswählen. Dazu klickt man mit der rechten Maustaste auf ein Projekt und wählt dann *Als Startprojekt festlegen*. Wenn man jetzt `Strg` + `F5` über die Tastatur eingibt, wird das ausgewählte Projekt übersetzt und gestartet.

Normalerweise speichert man pro Datei genau eine Klasse. Zudem macht es Sinn, die Hierarchie der Namensräume auch auf Datei-Ebene umzusetzen. Eine Hierarchie-Ebene entspricht dabei einem Verzeichnis. Wenn wir unsere Klasse `Mensch` also im Namensraum `meineklassen.lebewesen` erstellen wollen, erzeugen wir ein Verzeichnis mit dem Namen meineklassen und innerhalb dieses Verzeichnisses dann ein weiteres Verzeichnis lebewesen.

Um in einem Projekt ein neues Verzeichnis zu Erzeugen, klicken wir im Projektmappen-Explorer mit der rechten Maustaste auf den Namen des Projektes und wählen dort *Hinzufügen → Neuer Ordner*. Der Ordner wird in der Ansicht des Projektmappen-Explorers erzeugt und wir können den

Namen des Ordners noch anpassen. Analog können wir nun Unterordner erzeugen durch Rechtsklick auf den entsprechenden Ordner und Wiederholung der weiteren Schritte.

Um in einem bestimmten Ordner nun eine Klasse zu erzeugen, öffnen wir das Kontext-Menü für diesen Ordner im Projektmappen-Explorer, wählen *Hinzufügen* → *Neues Element*. In der sich öffnenden Liste wählen wir *Klasse*. Den Dateinamen für die Quelltext-Datei können wir unten angeben. Wir wählen dafür normalerweise den Namen der Klasse versehen mit der Dateiendung .cs. Wenn wir die Klasse `Mensch` erstellen wollen, würden wir hier also Mensch.cs angeben.

Durch Klick auf OK wird die Klasse dann erzeugt und die Quelltext-Datei geöffnet. Wie wir sehen, wurde das Grundgerüst bereits automatisch erzeugt. Der Namensraum wurde aus der Verzeichnis-Hierarchie abgeleitet und auch der Klassenname wurde entsprechend des Dateinamens bereits eingetragen. Der Zugriffsmodifizierer für die Klasse wird nicht automatisch erzeugt, wir sollten also `public` noch von Hand eintragen. Danach können wir die Klasse nach den eigenen Vorstellungen bearbeiten und verändern, wie in den vorherigen Abschnitten bereits ausführlich besprochen wurde.

6.6 Enumerationen

Eine besondere Form von Klassen in C# sind die Enumerationen oder zu deutsch, Aufzählungen. Enumerationen kann man verwenden, wenn man Klassen repräsentieren will, von denen es nur eine ganz bestimmte Anzahl an Objekten geben kann - wenn man die Objekte also durchzählen kann. Eine Beispielanwendung für Enumerationen sind die Wochentage:

```
public enum Wochentag
{
    Sonntag, Montag, Dienstag, Mittwoch, Donnerstag, Freitag, Samstag
}

Wochentag heute = Wochentag.Dienstag;

if (heute == Wochentag.Samstag)
    Console.WriteLine("Endlich Wochenende");
```

Intern werden Enum-Werte als Ganzzahlen repräsentiert. Die Ganzzahlen 0, 1, 2, ... werden den Enum-Werten automatisch in der Reihenfolge ihrer Deklaration zugewiesen. Im obigen Beispiel wird der Enum-Wert `Sonntag` durch die Konstante 0 repräsentiert, `Montag` durch 1, usw. Typumwandlungen zwischen den ganzzahligen Repräsentationen und den Enum-Werten sind möglich.

```
Wochentag ersterTag = (Wochentag) 0;
int donnerstagIntern = (int) Wochentag.Donnerstag;
```

Im Beispiel hätte die Variable `ersterTag` den Wert `Sonntag`, die Variable `donnerstagIntern` den Wert 4.

Wir können für Enum-Werte auch explizit andere interne Repräsentationen festlegen:

```
public enum Stimmung
{
    SehrGut=10, Gut=5, Mittelmaessig=0, Schlecht=-5, SehrSchlecht=-10
}

int guteStimmungScore = (int) Stimmung.Gut;
```

Im Beispiel hat die Variable guteStimmungScore den Wert 5.

6.7 Einschub: Logische Operatoren erweitert

In diesem Abschnitt wollen wir nochmal auf die logischen Operatoren, die wir bereits in Kapitel 5.6 kennen gelernt haben, zurück kommen. Eine wichtige Eigenschaft dieser Operatoren hatten wir damals verschwiegen, da uns dafür zu diesem Zeitpunkt noch wichtige Grundlagen gefehlt haben.

Konkret geht es um den und-Operator && und den oder-Operator ||. Die beiden Operatoren werden bekanntlich dazu genutzt, um jeweils zwei boolsche Ausdrücke zu kombinieren: der und-Operator liefert true genau dann, wenn beide Eingabe-Ausdrücke zu true evaluieren, der oder-Operator liefert dann true, wenn mindestens einer der Eingabe-Ausdrücke zu true evaluiert.

Sehen Sie sich nun die folgende Situation ab:

```
bool a = true, b = false;

bool oderAuswertung = a || b;
bool undAuswertung = b && a;
```

Bei der Auswertung des oder-Operators genügt es, wenn einer der beiden Eingabe-Ausdrücke zu true evaluiert. Im Beispiel ist der in der Variable a gespeicherte Wert true. Damit steht nach der Auswertung des ersten Operanden schon fest, dass der Gesamtausdruck zu true evaluiert - unabhängig vom Wert, der in der Variable b gespeichert ist.

Ähnlich ist es bei der Auswertung des und-Operators: hier kann das Endergebnis nur true sein, wenn beide Eingabe-Ausdrücke ebenfalls zu true evaluieren. Im Beispiel wird die Variable b zuerst ausgewertet. Da diese false ist, steht bereits fest, dass das Endergebnis auf jeden Fall false sein wird - unabhängig vom Wert, der in der Variable a gespeichert ist.

Tatsächlich ist es so, dass in solchen Fällen der zweite Operand garnicht mehr erst ausgewertet wird, d.h. der und bzw. oder-Operator liefert in diesen Fallen direkt nach der Auswertung des ersten Operanden das Endergebnis.

In dem gezeigten Fall wäre es zunächst mal egal, ob nun eine Variable mehr oder weniger ausgewertet wird. Mit dem und/oder-Operator können aber nicht nur direkt boolsche Variablen verknüpft werden, sondern beliebige Ausdrücke, die zu einem boolschen Wert evaluieren. Insbesondere kann man als Operand für den und/oder-Operator einen Methodenaufruf verwenden, dessen Rückgabetyp bool ist:

```
public class OperatorAuswertungExample
{
  public int MyInt;

  public OperatorAuswertungExample()
  {
    MyInt = 1;
  }

  private bool pruefeBedingung()
  {
    MyInt = 10;
```

```
        return true;
    }

    public void BenutzeOperatorUnd()
    {
        bool a = false;
        bool b = a && pruefeBedingung();
    }

    public static void main(string[] args)
    {
        OperatorAuswertungExample example = new OperatorAuswertungExample();
        example.BenutzeOperatorUnd();
        Console.WriteLine(example.MyInt);
    }
}
```

Wir haben hier also eine Klasse mit einem einzelnen öffentlichen int-Attribut, das im Konstruktor mit dem Wert 1 initialisiert wird. Danach wird die Methode BenutzeOperatorUnd aufgerufen. Dort wird der und-Operator verwendet: als Operanden fungieren eine interne Variable a, die den Wert false aufweist und ein Methodenaufruf der privaten Methode pruefeBedingung.

Die Methode pruefeBedingung liefert aber nicht nur einen boolschen Wert zurück, sondern ändert nebenbei auch noch den Wert des öffentlichen Attributes MyInt. Nachdem diese Methode ausgeführt wurde, hat das Attribut MyInt den Wert 10 und nicht mehr den initialen Wert 1.

Tatsächlich wird im Beispiel die Methode pruefeBedingung aber niemals ausgeführt, obwohl sie als Operand für den und-Operator innerhalb der Methode BenutzeOperatorUnd genutzt wird. Da das Endergebnis (false) der und-Verknüpfung bereits nach der Auswertung des ersten Operanden (der Variable a) feststeht, wird der zweite Operand nicht mehr ausgewertet und damit die Methode pruefeBedingung nicht ausgeführt. Damit hat das interne Attribut MyInt nach Ausführung der Methode nach wie vor den Wert 1.

Und das ist ein sehr wichtiges Detail, das Sie bei der Verwendung der und/oder-Operatoren immer im Kopf haben müssen: sie können sich nicht darauf verlassen, dass alle Operanden tatsächlich ausgewertet werden. Werden Methodenaufrufe als Operanden verwendet, kann es also sein, dass die Methoden nicht tatsächlich ausgeführt werden. Wenn eine Methode neben der reinen Berechnung eines bool-Endergebnisses noch weitere Nebeneffekte hat (wie das im Beispiel der Fall ist), bleiben diese eventuell aus.

Man kann die Auswertung von allen Operanden beim Aufruf eines logischen Operators aber bei Bedarf auch erzwingen, indem man den &-Operator statt dem &&-Operator und den |-Operator statt dem ||-Operator verwendet. Bei diesen Operatoren werden alle Operanden ausgewertet, auch wenn das Endergebnis bereits zuvor fest steht. Der &-Operator liefert immer dasselbe Ergebnis wie der &&-Operator, gleiches gilt für den ||-Operator und den |-Operator. Der einzige Unterschied besteht darin, dass alle Operanden zwingend ausgewertet werden und damit den Zustand des Programmes evtl. anderweitig verändern können.

Wenn wir im obigen Beispiel die Methode BenutzeOperatorUnd wie folgt abändern, wird die Methode pruefeBedingung auf jeden Fall ausgeführt und damit das Attribut MyInt auf den Wert 10 gesetzt:

```
public void BenutzeOperatorUnd()
{
  bool a = false;
  bool b = a & pruefeBedingung();
}
```

6.8 Einschub: Zeichenketten als Objekte

Zeichenketten bzw. den Datentyp `string` haben wir in Kapitel 4.5 bereits kennen gelernt. Der Datentyp `string` ist dabei selbst nichts anderes als eine Klasse, die in C# bereits enthalten ist. Die Klasse `string` bringt einige nützliche Funktionalitäten bereits mit, die wir verwenden können.

Ein `string`-Objekt ist grundsätzlich unveränderlich. Das bedeutet, wenn wir eine Zeichenkette angelegt haben, können wir diese nicht mehr ändern, indem wir z.B. Zeichen hinzufügen oder entfernen. Wenn wir zu einer Zeichenkette Zeichen hinzufügen wollen, wird immer ein neues Objekt erstellt.

```
string input = "hallo";
input = input + " du";
```

Im Beispiel wird eine Zeichenkette „hallo" erstellt und der Variable `input` zugewiesen. Danach wird ein neues `string`-Objekt erstellt, indem der Inhalt des ursprünglichen Objektes um die Zeichen „ du" ergänzt wird. Dieses neue `string`-Objekt (das also den Inhalt „hallo du" besitzt) wird dann wieder der Variable `input` zugewiesen.

Es existieren nun also insgesamt 3 `string`-Objekte: „hallo", „ du" und „hallo du". Auf die ersten beiden Zeichenketten besteht jedoch keinerlei Zugriff mehr. Die Zeichenkette „hallo" konnte zunächst über die Variable `input` angesprochen werden. Nachdem dieser Variable nun aber die erweiterte Zeichenkette zugewiesen wurde, besteht keine Zugriffsmöglichkeit auf die ursprüngliche Zeichenkette „hallo" mehr.

Wir haben jetzt folgende Situation: im Speicher des Programms sind 3 `string`-Objekte, auf zwei davon können wir aber garnicht mehr zugreifen. In der Programmiersprache C# ist das kein Problem: dort gibt es den sogenannten *Garbage Collector*, der von Zeit zu Zeit prüft, ob es solche Objekte, auf die man nicht mehr zugreifen kann, gibt. Werden solche Objekte gefunden, werden Sie vom Garbage Collector gelöscht und der Speicher wieder freigegeben.

Wir brauchen diesbezüglich in C# also nichts weiter zu unternehmen. Beachten Sie, dass dies in einigen anderen Programmiersprachen, wie z.B. C++, anders ist: dort müssen Sie sich selbst aktiv darum kümmern, dass nicht mehr verwendete Objekte gelöscht werden.

6.8.1 Eigenschaften und Methoden der Klasse string

Im Folgenden wollen wir eine Auswahl der wichtigsten Eigenschaften und Methoden, die die Klasse `string` bereits mitbringt, vorstellen. Wir verwenden dafür ein konkretes Beispiel, um anhand dessen die Funktionalitäten zu demonstrieren.

```
1  string myString = "hallo du";
2  int laenge = myString.Length;
3  bool isEmpty = myString.Length == 0;
```

```
4   char ch = myString.ElementAt(4);
5   bool cont = myString.Contains("hallo");
6   int index = myString.IndexOf("du");
7   bool gleichheit = myString.Equals("hey du");
8   Console.WriteLine(myString);
```

Auf die Eigenschaften bzw. Methoden eines string-Objektes können wir wie bekannt mit dem Punkt-Operator zugreifen. In Zeile 2 lesen wir das Attribut Length aus. Dieses gibt die Länge der Zeichenkette an, d.h. die Anzahl der enthaltenen Zeichen. Im Beispiel wären dies 8.

Um zu prüfen, ob eine Zeichenkette leer ist (d.h. keinerlei Zeichen enthält), prüfen wir einfach mit dem ==-Operator, ob die Länge der Zeichenkette 0 ist. Da dies im Beispiel nicht der Fall ist, hat die Variable isEmpty also letztendlich den Wert false.

Mit Hilfe der Methode ElementAt können wir das Zeichen an einer bestimmten Position auslesen (Zeile 4). Wir übergeben der Methode den Index des Zeichens, das ausgelesen werden soll. Indices sind immer null-basiert, d.h. das erste Zeichen hat den Index 0, das zweite Zeichen den Index 1, und so weiter. Wir lesen also das Zeichen mit dem Index 4 aus, d.h. das fünfte Zeichen der Zeichenkette. Die Variable ch erhält den Wert 'o'.

Mit der Methode Contains können wir prüfen, ob ein string-Objekt einen Teilstring enthält. Die Methode liefert als Ergebnis einen boolschen Wert. Im Beispiel (Zeile 5) hat die Variable cont demnach den Wert true, da „hallo" ein Teilstring von „hallo du" ist.

Mit der Methode IndexOf können wir die Position eines Teilstrings ausfindig machen. Die Methode prüft, ob der Teilstring enthalten ist und gibt dann die Position innerhalb der kompletten Zeichenkette als Index an. Der Index ist wie zuvor erwähnt null-basiert: beginnt der Teilstring direkt am Anfang der kompletten Zeichenkette, wird der Index 0 zurück gegeben. Beginnt der Teilstring beim zweiten Zeichen innerhalb der kompletten Zeichenkette, wird der Index 1 angegeben, und so weiter. Ist der Teilstring nicht im Gesamtstring enthalten, wird -1 zurück gegeben. Im Beispiel (in Zeile 6) liefert der Aufruf den Index 6 zurück, da das 'd' in „hallo du" das siebte Zeichen ist.

Die Methode Equals prüft, ob zwei Zeichenketten exakt gleich sind. Entsprechend liefert sie true oder false als Ergebnis. Da „hallo du" und „hey du" unterschiedliche Zeichenketten sind, liefert der Aufruf im Beispiel den Wert false.

Die letzte Zeile zeigt dann noch einmal, dass wir Zeichenketten innerhalb von C#-Programmen über einen Aufruf von Console.WriteLine auf der Kommandozeile ausgeben können.

Es gibt noch viele weitere string-Methoden, die wir hier aber nicht im Detail besprechen werden. Beispielsweise gibt es Methoden zum lexikografischen Vergleich von Zeichenketten, Methoden um Teilstrings zu extrahieren, Methoden um Zeichenketten zu transformieren (z.B. Umwandlung in Kleinbuchstaben, Entfernung von Leerraum), Methoden um innerhalb von Zeichenketten nach Mustern zu suchen und Muster zu ersetzen sowie Methoden um Zeichenketten aufzuteilen.

In der C#-Referenz[5] finden Sie bei Bedarf genaue Beschreibungen der weiteren Methoden.

---

[5]https://msdn.microsoft.com/en-us/library/system.string.aspx

6.8.2 Zeichenketten Zusammensetzen

Eine Operation, die Sie beim programmieren sehr häufig werden ausführen müssen, ist das Zusammensetzen von Zeichenketten. Sie haben beispielsweise eine Reihe von Informationen, die in verschiedenen Variablen gespeichert sind, und diese wollen Sie nun zu einer Zeichenkette zusammen setzen, um sie möglicherweise dem Benutzer anzuzeigen.

Sie könnten dies mit dem Operator + erledigen:

```
string name = "Daniel";
int alter = 27;

string message = "Mein Name ist " + name + ". Ich bin " + alter +
            " Jahre alt.";
Console.WriteLine(message);
```

Das funktioniert und wird das richtige Ergebnis liefern. Allerdings verbraucht diese Methode unnötig viel Speicherplatz: Zeichenketten sind unveränderlich. Wenn wir Zeichenketten auf diese Weise zusammen setzen, wird nicht ein vorhandenes string-Objekt erweitert, sondern es wird für jede Anwendung des Operators + ein neues string-Objekt im Speicher erzeugt.

```
string zusammengesetzt = a + b + c + d;
```

In diesem verallgemeinerten Beispiel würde der string (a + b), der string ((a+b)+c) sowie der string (((a+b)+c)+d) im Speicher abgelegt. Das ist sehr ungünstig und sollte vermieden werden.

Es gibt in C# verschiedene Möglichkeiten, das Zusammensetzen einer Zeichenkette effizienter zu handhaben. Eine davon ist die Klasse StringBuilder aus der C#-Klassenbibliothek. Mit ihr lässt sich eine Zeichenkette inkrementell aufbauen, ohne unnötig Speicherplatz zu verschwenden:

```
string name = "Daniel";
int alter = 27;

StringBuilder messageBuilder = new StringBuilder();

messageBuilder.Append("Mein Name ist ");
messageBuilder.Append(name);
messageBuilder.Append(". Ich bin ");
messageBuilder.Append(alter);
messageBuilder.Append(" Jahre alt.");

string message = messageBuilder.ToString();

Console.WriteLine(message);
```

Die beste Option zum Zusammensetzen der im Beispiel gezeigten Zeichenkette ist jedoch die statische Methode Format der Klasse string. Mit ihr lässt sich eine „Schablone" für eine Zeichenkette angeben, bei der dann an bestimmten Stellen die einzelnen Teilstrings eingesetzt werden.

```
string name = "Daniel";
int alter = 27;
```

```
string message =
  string.Format("Mein Name ist {0}. Ich bin {1} Jahre alt.",
  name, alter);

Console.WriteLine(message);
```

Als erstes Argument erhält die Methode Format die Schablone für die Zeichenkette. Die Stellen, an denen andere Teilstrings oder Informationen eingefügt werden sollen, sind mit geschweiften Klammern markiert. Innerhalb der geschweiften Klammern verwendet man Indices, um anzugeben, welcher Teilstring genau an der Stelle eingefügt werden soll.

Die Indices starten bei 0. Die weiteren übergebenen Parameter der Methode Format werden dann entsprechend der Nummerierung in die Schablone eingesetzt. Der erste weitere Parameter wird also beim Index 0 eingesetzt, der zweite weitere Parameter beim Index 1, und so weiter. Im Beispiel wird der Inhalt der Variable name beim Index 0 eingesetzt, der Inhalt der Variable alter beim Index 1.

Um zusammengesetzte Zeichenketten direkt über die Methode Console.WriteLine auszugeben, kann man übrigens die gleiche Verfahrensweise anwenden:

```
string name = "Daniel";
int alter = 27;

Console.WriteLine("Mein Name ist {0}. Ich bin {1} Jahre alt.",
  name, alter);
```

6.8.3 Konvertierungen zwischen Zeichenketten und Zahlen

Man kann Zahlen, die in string-Objekten als Zeichenketten gespeichert sind, in numerische Datentypen konvertieren. Für int-Werte geht das beispielsweise mit der statischen Methode Parse des Datentyps int.

```
string intAlsString = "125";
int intAlsInt = int.Parse(intAlsString);
```

In der Zeichenkette könnten natürlich auch beliebige Zeichen enthalten sein, die sich nicht als Ganzzahl parsen lassen. In einem solchen Fall würde beim Aufruf der Funktion Parse eine sogenannte Ausnahme auftreten und das Programm abstürzen. Ausnahmen werden wir in Kapitel 11 genauer kennen lernen.

Um den umgekehrten Weg zu gehen und einen Wert eines numerischen Datentyps in eine Zeichenkette umzuwandeln, gibt es mehrere Möglichkeiten. Einer davon wäre die Nutzung der Format-Methode von string, die wir im vorherigen Abschnitt kennen gelernt haben.

```
int intAlsInt = 33;
string intAlsString = string.Format("{0}", intAlsInt);
```

7 Werte, Objekte, Referenzen und Parameter

Wir haben Variablen in den vorangegangenen Kapiteln relativ intuitiv benutzt. In diesem Kapitel werden wir uns etwas näher mit Variablen beschäftigen und lernen, was genau Variablen überhaupt sind.

Eine Variable ist eine Speichereinheit, die einen Wert enthalten kann. Wenn wir eine Variable anlegen, wird irgendwo im Speicher ein Platz reserviert, in den wir unseren Wert später reinschreiben können. Wir haben gesehen, dass man Variablen auch anlegen kann, ohne sie zu initialisieren, d.h. in diesem Fall wäre der Wert der Variable direkt nach dem Anlegen uninitialisiert. In der Praxis bedeutet das, dass ein Compiler-Fehler erzeugt wird, wenn man versucht, eine Variable zu lesen, die nicht initialisiert wurde.

7.1 Werte- und Referenztypen

In C# wird unterschieden zwischen sogenannten *Werte-* und *Referenztypen*. Wertetypen sind die numerischen Typen (also `int`, `long`, `double`, usw.), die Typen `char` und `bool`, sowie selbstdefinierte `enum`-Typen. Wertetypen können ebenfalls mit dem Schlüsselwort `struct` erstellt werden - dieses haben wir allerdings im Rahmen dieses Tutorials ausgelassen.

Alle anderen Typen sind Referenz-Typen: also insbesondere alle selbst-definierten Klassen, alle Klassen, die bereits in C# enthalten sind sowie der Basis-Datentyp `string`.

Bei Werte-Typen enthält eine Variable tatsächlich nur den eigentlichen Wert. Der für die Variable reservierte Speicherplatz enthält einfach den Wert, der durch die Variable repräsentiert werden soll. Wenn wir beispielsweise eine `int`-Variable anlegen, wird zunächst ein Platz im Speicher ausgewählt, der groß genug ist, um einen `int`-Wert aufzunehmen. Wenn wir der Variable dann einen Wert zuweisen, z.B. 6, wird dieser Wert an die zuvor für die Variable reservierte Stelle im Speicher geschrieben.

Bei Referenz-Typen ist das anders. Diese werden ja dazu benutzt, um komplexere Objekte (denken Sie an unser `Mensch`-Beispiel) zu repräsentieren. Wenn Sie ein komplexes Objekt erstellen, wird dieses *irgendwo* im Speicher abgelegt - insbesondere wird das Objekt **nicht** an der Speicherstelle abgelegt, die für die entsprechende Variable reserviert wurde. An dieser Stelle wird dagegen nur ein Verweis auf das eigentliche Objekt abgelegt - man nennt dies eine *Referenz*. Eine Referenz können Sie sich vorstellen als eine Adresse: in einer Variable eines Referenz-Typen wird demnach nur die Adresse des eigentlichen Objektes im Speicher abgelegt.

Machen Sie sich also den Unterschied klar zwischen Werte-Typen und Referenz-Typen:

- Bei Werte-Typen wird in einer Variable der direkte Wert abgelegt.

- Bei Referenz-Typen wird in einer Variable nicht direkt das entsprechende Objekt abgelegt. Das Objekt selbst befindet sich *irgendwo* im Speicher, in der Variable wird die Adresse des Objektes innerhalb des Speichers abgelegt.

Trotz dieses Unterschiedes können wir mit Variablen relativ intuitiv umgehen, wie wir in den vorangegangenen Kapiteln gesehen haben. C# handelt diese Innereien automatisch für uns, sodass wir Variablen von Werte-Typen genauso benutzen können wie Variablen von Referenz-Typen. Als

Programmierer bekommen wir dies gar nicht mit, wir sehen nicht einmal die Adresse, die für Referenz-Typen gespeichert wird. Warum ist das ganze dann überhaupt von Belang?

Wir werden nun eine Reihe von Beispielen betrachten, anhand derer wir die Unterschiede zwischen der Verwendung von Referenz- und Werte-Typen herausarbeiten können. In den Beispielen benutzen wir die Klasse Mensch, die wir im vorherigen Kapitel erstellt haben.

```
// Beispiel 1:
int a = 7;
int b = a;
a++;

// Beispiel 2:
Mensch erna = new Mensch(162, 50.0);
Mensch erna2 = erna;
erna.Essen();
```

Die beiden Beispiele sind von der Struktur her relativ ähnlich: es wird eine Variable angelegt und dieser ein Wert bzw. ein neues Objekt zugewiesen. Im zweiten Schritt wird jeweils eine neue Variable angelegt und dieser der Inhalt der ersten Variable zugewiesen. Im letzten Schritt wird jeweils die ursprüngliche Variable bzw. das ursprüngliche Objekt geändert: im ersten Beispiel dergestalt, dass die Variable a inkrementiert wird, im zweiten Beispiel in der Form, dass auf dem Objekt erna die Methode Essen aufgerufen wird, was dazu führt, das sich das Gewicht von erna ändert.

Die Frage ist: welchen Wert hat b am Ende und welchen Wert hat das Attribut gewicht des Objektes erna2?

Gehen wir das der Reihe nach durch. Es wird eine Variable a angelegt. In die Variable wird der Wert 7 geschrieben, d.h. an der Speicherposition, die von der Variable a repräsentiert wird, steht nun der Wert 7. Danach wird eine neue Variable b angelegt. Dieser Variable wird der Wert der Variablen a zugewiesen. Das bedeutet, es wird an die Stelle im Speicher geschaut, wo Variable a liegt, dort wird die 7 vorgefunden, also wird die 7 ebenfalls an die Speicherstelle der Variablen b geschrieben. Wir haben jetzt also zwei Stellen im Speicher an denen der Wert 7 steht. Nun wird die Variable a inkrementiert: d.h. an der Speicherstelle von a wird die 7 durch eine 8 ersetzt. Die Variable b bleibt davon unberührt, da diese sich ja an einer ganz anderen Speicherstelle befindet und mit dieser Operation gar nichts zu tun hat. Die Variable b beinhaltet also am Ende den Wert 7.

Nun gehen wir das zweite Beispiel ebenso durch. Es wird eine Variable erna vom Typ Mensch angelegt. Zudem wird ein Objekt vom Typ Mensch erzeugt mit dem new-Operator. Dieses Objekt liegt jetzt *irgendwo* im Speicher. In die Variable erna wird nun nur die Adresse dieses neuen Objektes geschrieben. (Um das konkreter zu machen, sagen wir einfach, das Objekt würde an der Adresse #AB68 liegen. Dann steht jetzt in der Variable erna die Adresse #AB68.)

Danach wird eine zweite Variable erna2 vom Typ Mensch angelegt. Dieser Variablen wird der Inhalt der Variablen erna zugewiesen - d.h. die Adresse #AB68. Demnach steht nun auch in der Variable erna2 die Adresse #AB68. Das bedeutet: es existiert nur ein Objekt vom Typ Mensch, aber auf dieses Objekt kann nun über zwei Variablen zugegriffen werden. Wenn wir also über die Variable erna die Methode Essen aufrufen, wird das gewicht-Attribut des Objektes um 0.5 erhöht. Wenn wir danach über die Variable erna2 auf das Gewicht zugreifen (also über die Eigenschaft erna2.Gewicht), dann erhalten wir auch das veränderte Gewicht von 50.5, da wir ja nur ein Objekt haben, auf das nun eben über zwei Variablen zugegriffen werden kann.

Hier unterscheidet sich also das Verhalten von Werte-Typen und Referenz-Typen: in Variablen von Werte-Typen stehen direkt die Werte drin. Wird eine Variable eines Werte-Typs einer anderen Variable des Typs zugewiesen, dann wird nur der Wert kopiert. Wenn dann an der ursprünglichen Variable etwas geändert wird, hat das keinen Einfluss auf die neu zugewiesene Variable. Bei den Referenzen auf Objekte ist das eben anders: da in den Variablen nicht die Objekte selbst gespeichert werden, sondern nur die Adresse der Objekte, wird bei einer Zuweisung nicht das Objekt selbst kopiert, sondern es wird nur ein weiterer Verweis auf das Objekt erstellt. Man erhält damit über beide Variablen Zugriff auf dasselbe Objekt.

Weiter geht es mit dem nächsten Beispiel:

```
// Beispiel 3
Mensch erna = new Mensch(162, 50.0);
Mensch erna2 = erna;

erna = new Mensch(165, 60.0);
double gewicht = erna2.Gewicht;
```

Welches Gewicht erhält man am Ende über die Abfrage `erna2.Gewicht`, 50.0 oder 60.0?

Wir gehen das Beispiel wiederum Schritt für Schritt durch. Es wird eine Variable `erna` vom Typ `Mensch` angelegt. Gleichzeitig wird eine konkrete Instanz erzeugt, diese wird *irgendwo* im Speicher abgelegt (sagen wir, es wäre die Adresse #F3A6) und in der Variable `erna` die Adresse (#F3A6) gespeichert. Nun wird eine neue Variable `erna2` angelegt und der Inhalt der Variable `erna` kopiert (d.h. die Adresse), sodass nun auch in der Variable `erna2` die Adresse #F3A6 gespeichert ist.

Nun wird aber ein neues Objekt vom Typ `Mensch` erzeugt (sagen wir, es liegt an der Speicheradresse #A889), und der Variable `erna` eben diese Speicheradresse zugewiesen. Das heißt, die Adresse des ersten Objektes, #F3A6, wird aus der Variable `erna` entfernt und die Adresse #A889 hinein geschrieben. Es existieren jetzt zwei Objekte. Das zuerst angelegte Objekt ist jetzt nur noch über die Variable `erna2` erreichbar, das zuletzt angelegte Objekt über die Variable `erna`.

In der Variable `erna2` ist immer noch die Adresse #F3A6 enthalten, an der das erste Objekt gespeichert ist. Wir haben ja an der Variable `erna2` keine Änderung vorgenommen, sondern nur ein neues Objekt erzeugt und das der Variablen `erna` zugewiesen. Das ursprüngliche Objekt ist noch unverändert, was bedeutet, das man über die Abfrage `erna2.Gewicht` das Gewicht des ersten erzeugten Objektes geliefert bekommt, nämlich 50.0.

7.2 Parameter bei Methodenaufrufen

Jetzt gehen wir noch einen Schritt weiter und schauen uns an, was mit Variablen beim Aufruf von Methoden geschieht.

7.2.1 Call by Value

Wenn Variablen als Parameter bei Methodenaufrufen verwendet werden, werden die Werte der Variablen kopiert und die Kopie wird dann innerhalb der Methode verwendet. C# erstellt bei

Methodenaufrufen automatisch neue Variablen für die Parameter und kopiert die Werte der Quell-Variablen in diese neuen Variablen hinein. Man nennt dies *Call-by-Value*.

Dies gilt sowohl für Werte-Typen als auch für Referenz-Typen. Wenn ein Werte-Typ als Parameter verwendet wird, enthält die neue Variable einfach eine Kopie des Wertes der ursprünglichen Variable. Bei Referenz-Typen ist nicht das eigentliche Objekt in der Quell-Variable gespeichert, sondern die Referenz darauf (wie wir im vorherigen Abschnitt gelernt haben). Wenn ein Referenz-Typ als Parameter für einen Methodenaufruf verwendet wird, wird also die Referenz kopiert und nicht das Objekt selber.

Wir sehen uns nun wieder ein paar Beispiele an, um genauer zu verstehen, was das konkret bedeutet. Die Beispiele werden alle strukturell sehr ähnlich sein. Es dreht sich in jedem Beispiel um eine Hauptmethode, innerhalb derer eine Hilfsmethode aufgerufen wird.

```
public void hauptmethode1()
{
  int a = 8;
  hilfsmethode1(a);
  int b = a;
}

public void hilfsmethode1(int parameter)
{
  parameter = parameter + 1;
}
```

Hier wird eine `int`-Variable mit dem Wert 8 angelegt. Diese Variable wird nun an eine Methode übergeben, in dieser wird die Variable um 1 erhöht. Die Frage ist, welchen Wert hat die Variable b ganz am Ende der Hauptmethode?

Wir gehen das der Reihe nach durch: Beim Aufruf der `hilfsmethode1` wird eine neue Variable `parameter` erzeugt, in diese wird der Wert der Variable a aus der Hauptmethode kopiert (Call-by-Value). Nun wird innerhalb der `hilfsmethode1` die neue Variable `parameter` um 1 erhöht. Da es sich um eine Kopie handelt, hat dies aber natürlich keinen Einfluss auf die Variable a in der Hauptmethode. Der neue Wert 9 der Variable `parameter` in der `hilfsmethode1` wird nach dem Ende der `hilfsmethode1` sofort wieder verworfen und in der Variable a in der `hauptmethode1` ist nach wie vor der Wert 8 gespeichert. D.h. wenn die neue Variable b angelegt wird, wird in diese wiederum der Wert von a, 8, kopiert. b hat also am Ende den Wert 8.

```
public void hauptmethode2()
{
  Mensch erna = new Mensch(160, 50.0);
  hilfsmethode2(erna);
  double gewicht = erna.Gewicht;
}

public void hilfsmethode2(Mensch mensch1)
{
  mensch1.Essen();
}
```

Hier wird ein Objekt erstellt (sagen wir an Adresse #CF6A) und die Referenz in der Variable `erna` gespeichert. Beim Aufruf der `hilfsmethode2` wird eine neue Variable `mensch1` erzeugt, in diese wird der Wert von erna aus der hauptmethode2 kopiert. In der Variable mensch1 ist nun auch die Adresse #CF6A gespeichert.

Innerhalb der hilfsmethode2 wird die Essen-Methode auf dem Objekt, auf das die Variable mensch1 verweist, aufgerufen. Das ist das Objekt, das zu Beginn erzeugt wurde, und das sich an der Speicherposition #CF6A befindet. Das gewicht-Attribut dieses Objektes wird um 0.5 vergrößert. Nach dem Abschluss der hilfsmethode2 gelangen wir zurück zur hauptmethode2, wo nun über die Variable erna wiederum das Gewicht ausgelesen wird. Da es sich um das gleiche Objekt handelt, das wir in der hilfsmethode2 verändert haben, erhalten wir als Gewicht den Wert 50.5.

```
public void hauptmethode3()
{
  Mensch erna = new Mensch(160, 50.0);
  hilfsmethode3(erna);
  double gewicht = erna.Gewicht;
}

public void hilfsmethode3(Mensch mensch1)
{
  mensch1 = new Mensch(165, 60.0);
}
```

Hier sehen wir eine kleine Variation des ganzen. Innerhalb der hilfsmethode3 wird ein ganz neues Objekt erzeugt (sagen wir es liegt an der Speicherposition #54A3) und die Adresse des neuen Objektes der Variable mensch1 zugewiesen. In mensch1 war zuvor die Adresse des in der hauptmethode3 erzeugten Objektes gespeichert (#CF6A), diese Adresse wird nun in der Variable mensch1 überschrieben. In der Variable erna in der hauptmethode3 ist dagegen nach wie vor die Adresse des ursprünglichen Objektes #CF6A gespeichert, da ja beim Aufruf der hilfsmethode3 für die Variable mensch1 eine Kopie der Variable erna angefertigt wurde.

Demnach erhalten wir bei der Abfrage erna.Gewicht am Ende immer noch den Wert 50.0, weil das das Gewicht des ersten Objektes (das an Speicherposition #CF6A liegt) ist und dieses Objekt nicht verändert wurde. In der hilfsmethode3 wurde zwar ein neues Objekt erzeugt, die Referenz auf dieses Objekt wurde jedoch lediglich der Variable mensch1 zugewiesen, nicht jedoch der Variable erna.

Wir können aus diesen Beispielen die folgenden drei Faustregeln ableiten:

- Wird ein Werte-Datentyp an eine Methode übergeben, so haben Veränderungen an dem Wert innerhalb der aufgerufenen Methode keinen Einfluss auf den Wert außerhalb.

- Wird ein Referenz-Datentyp als Parameter an eine Methode übergeben, so wird lediglich eine Kopie der Referenz erstellt, jedoch keine Kopie des Objektes selbst. Änderungen, die über Methodenaufrufe an dem übergebenen Objekt innerhalb der aufgerufenen Methode durchgeführt werden, haben auch außerhalb dieser Methode Bestand.

- Wird ein Referenz-Datentyp als Parameter an eine Methode übergeben und es wird innerhalb der Methode keine Änderung an dem Objekt selbst vorgenommen, sondern lediglich an der Referenz (d.h. indem der Parametervariablen eine neue Referenz zugewiesen wird): dann hat das auf die Referenz und das Objekt außerhalb dieser Methode keinen Einfluss.

7.2.2 Call by Reference

Grundsätzlich wird bei Methodenaufrufen in C# die zuvor beschriebene Call-by-Value Methodik bei der Verwendung von Parametern angewendet. Alternativ können wir jedoch individuell für jeden Parameter festlegen, dass stattdessen das sogenannte *Call-by-Reference* Verfahren angewendet wird.

In diesem Fall werden für die Parameter keine Kopien erstellt - bei Methodenaufrufen werden also direkt die Quell-Variablen verwendet. Das bedeutet, alle Änderungen, die innerhalb eines Methodenaufrufs an einer Variable durchgeführt werden, haben auch außerhalb Bestand. Das gilt sowohl für Werte-Typen als auch für Referenz-Typen.

Um für einen Parameter das Call-by-Reference Verfahren anzuwenden, muss sowohl bei der Deklaration der Methode als auch beim Aufruf dem Parameter das Schlüsselwort `ref` vorangestellt werden:

```csharp
// Deklaration:
public void callByReferenceMethode(ref int parameter1) { ... }

// Aufruf
int a = 1;
callByReferenceMethode(ref a);
```

Durch die Verwendung von Call-by-Reference ändert sich das Verhalten bei dem ersten und dem dritten Beispiel aus dem vorherigen Abschnitt:

```csharp
public void hauptmethode1()
{
  int a = 8;
  hilfsmethode1(ref a);
  int b = a;
}

public void hilfsmethode1(ref int parameter)
{
  parameter = parameter + 1;
}
```

Hier hat b am Ende den Wert 9 (ohne `ref` war es 8), da die Änderung der Variable a innerhalb der Hilfsmethode nun auch außerhalb Bestand hat.

```csharp
public void hauptmethode3()
{
  Mensch erna = new Mensch(160, 50.0);
  hilfsmethode3(ref erna);
  double gewicht = erna.Gewicht;
}

public void hilfsmethode3(ref Mensch mensch1)
{
  mensch1 = new Mensch(165, 60.0);
}
```

Hier hat die Variable `gewicht` am Ende den Wert 60.0 (ohne `ref` war es 50.0). Beim Aufruf der Hilfsmethode wird keine Kopie der Variable `erna` (die die Referenz auf das `Mensch`-Objekt enthält) erstellt, sondern es wird die Original-Variable `erna` aus der Hauptmethode verwendet (innerhalb der Hilfsmethode sprechen wir die Variable nun lediglich über den Namen `mensch1` an, es handelt sich aber um dieselbe Variable).

Damit ist nach Beendigung der Ausführung der Hilfsmethode in der Variable `erna` eine Referenz auf das in der Hilfsmethode erzeugte Objekt, dessen Gewicht mit 60.0 angegeben wurde.

Generell lässt sich die Call-by-Reference Methodik auch dazu verwenden, um zusätzliche Rückgabewerte festzulegen. Erinnern Sie sich daran: eine Methode kann maximal einen Wert als Rückgabewert liefern. Möchte man nun weitere Werte oder Objekte an die aufrufende Stelle liefern, bietet es sich an, Referenz-Parameter zu verwenden und diesen dann innerhalb der Methode die gewünschten Werte/Objekte zuzuweisen.

Dabei entsteht ein Problem: um einen Referenz-Parameter an eine Methode zu übergeben, muss die Variable initialisiert werden. Sie können also nicht eine uninitialisierte Variable verwenden:

```
int a;
callByReferenceMethode(ref a);
```

Nun erscheint es kein großes Problem, der Variable einfach zunächst einen Standardwert zuzuweisen, z.B. 0. Dennoch ist das eine unschöne Lösung, hier unnötigerweise einen Wert zuzuweisen.

Daher gibt es dafür eine Lösung: man verwendet statt dem Schlüsselwort `ref` das Schlüsselwort `out` bei Deklaration und Aufruf der Methode. Dadurch stellt man klar, dass der Parameter explizit dafür gedacht ist, einen zusätzlichen Rückgabewert bereit zu stellen. Nun kann man auch uninitialisierte Variablen verwenden. Außerdem **muss** man einem out-Parameter innerhalb einer Methode zwingend einen Wert zuweisen (um sicher zu stellen, dass die Variable nach Beendigung der Methode nicht mehr uninitialisiert ist). Davon abgesehen verhält sich eine `out`-Variable genauso wie eine `ref`-Variable.

```
// Deklaration:
public void addition1ReturnMethod(out int parameter1) { ... }

// Aufruf
int a;
addition1ReturnMethod(out a);
```

7.3 Die leere Referenz

Bei Datentypen wie `int` oder `bool` können wir Werte wie `0` oder `false` verwenden, um eine neue Variable mit einem Standardwert zu initialisieren. Bei Referenz-Typen (also z.B. selbsterstellten Klassen) geht das dagegen nicht. Dafür gibt es bei Referenztypen die *leere Referenz*, genannt `null`.

Erinnern wir uns: in einer Variable eines Referenz-Typs wird nicht das Objekt selbst gespeichert, sondern nur ein Verweis auf das Objekt (d.h. die Adresse des Objekts im Speicher). Stattdessen kann man aber auch die leere Referenz verwenden, um anzuzeigen, dass die Variable derzeit auf kein konkretes Objekt verweist.

```
Mensch erna = null;
```

Die null-Referenz kann man nicht nur beim Initialisieren einer Variable verwenden, sondern auch später jederzeit einer Variable zuweisen. Oft wird auch die null-Referenz als Rückgabewert einer Methode verwendet, um anzuzeigen, dass das gewünschte Rückgabeobjekt nicht gefunden oder erzeugt werden konnte.

Auf einer null-Referenz können jedoch keine Methoden aufgerufen oder auf Attribute zugegriffen werden. Da ja auf kein Objekt verwiesen wird, gibt es auch keine Methoden und Attribute, auf die zugegriffen werden kann. Wenn man bei einer Variable, in der eine leere Referenz gespeichert ist, versucht, auf Methoden oder Attribute zuzugreifen, führt dies zu einer Ausnahme und damit zum Absturz des Programms.

Man kann jedoch mit dem Gleichheits- bzw. Ungleichheitsoperator testen, ob in einer Variable die leere Referenz enthalten ist:

```
Mensch erna = null;
if (erna != null)
  erna.Essen();
```

7.4 Vergleiche zwischen Referenzen

In Kapitel 5.5 haben wir die Vergleichsoperatoren kennen gelernt, mit deren Hilfe Vergleiche zwischen Variablen von numerischen Datentypen erstellt werden können. Insbesondere die Operatoren zur Prüfung auf Gleichheit und Ungleichheit sind aber auch bei selbst definierten Referenztypen von Interesse.

Wann sind aber zwei Objekte überhaupt gleich? Tatsächlich werden bei Verwendung des Gleichheitsoperators lediglich die Referenzen verglichen:

```
Mensch erna1 = new Mensch(160,55);
Mensch erna2 = new Mensch(160,55);

bool isGleich = erna1 == erna2;
```

Im Beispiel erhält die Variable isGleich den Wert false. Das ist so, weil zwei verschiedene Objekte mit dem Gleichheitsoperator verglichen werden (d.h. zwei unterschiedliche Referenzen / Adressen). Der Gleichheitsoperator prüft also, ob es sich tatsächlich um dasselbe Objekt handelt und gibt dementsprechend false zurück. Dass die beiden verglichenen Objekte zufälligerweise dieselben Werte für ihre Attribute gewicht und groesse haben, spielt keine Rolle.

```
Mensch erna3 = new Mensch(160,55);
Mensch erna4 = erna3;

bool isGleich2 = erna3 == erna4;
```

In diesem Beispiel haben wir nun nur ein einzelnes Objekt, auf das aber über zwei verschiedene Variablen zugegriffen werden kann. Daher liefert die Gleichheitsprüfung hier den Wert true.

Trotzdem wäre es natürlich nützlich, wenn es eine Möglichkeit gäbe, völlig gleichartige Objekte zu erkennen, d.h. Objekte die genau dieselben Eigenschaften haben, aber im Prinzip zwei unterschiedliche Objekte sind.

Viele Klassen definieren dazu eine Methode, die einen solchen Vergleich anstellt. Will heißen: der Test auf *strukturelle Gleichheit* lässt sich bei einer Klasse nicht automatisch realisieren, sondern wir müssen selbst eine entsprechende Methode erstellen, die dann festlegt, wann zwei Klasseninstanzen gleich sind. Viele Klassen definieren dazu eine Methode `Equals`, mit der zwei Objekte verglichen werden.

Die Funktionsweise der Methode `Equals` ist dabei gewöhnlich wie folgt: als Parameter wird ein anderes Objekt übergeben, das auf Gleichheit mit dem aktuellen Objekt geprüft werden soll. Nun werden die einzelnen Attribute und Eigenschaften des aktuellen Objektes mit denen des Vergleichsobjektes verglichen. Wenn alle Attribute gleich sind, liefert die Methode `Equals` auch `true` zurück (um zu signalisieren, dass die verglichenen Objekte strukturell gleich sind). Andernfalls liefert die Methode `false` zurück um anzuzeigen, dass keine Gleichheit zwischen den Objekten besteht.

Wir werden in Kapitel 8.6 auch eine `Equals`-Methode für unsere Klasse `Mensch` schreiben. Derzeit fehlen uns dafür noch ein paar Grundlagen, sodass wir das auf später verschieben.

7.5 Operatoren überladen

In Kapitel 5.2 haben wir die arithmetischen Operatoren kennen gelernt. Zur Erinnerung: diese sind + (Addition), − (Subtraktion), ∗ (Multiplikation), / (Division) sowie der Restwert-Operator %.

Für diese (und weitere) Operatoren gilt: sie können bei Bedarf auch im Zusammenhang mit selbst definierten Klassen verwendet werden. Nicht bei allen Klassen macht dies Sinn: unsere Klasse `Mensch` ist hierfür eher ungeeignet. Welchen Sinn ergäbe es denn, wenn man beispielsweise zwei Menschen zueinander addieren könnte?

Bei anderen Klassen macht dies aber sicherlich Sinn. Wir werden gleich ein Beispiel dafür sehen. Wichtig zu wissen ist es jedoch, dass wir die Operatoren nicht *einfach so* im Zusammenhang mit selbst definierten Klassen verwenden können, sondern selbst festlegen müssen, was genau geschieht, wenn wir einen Operator in Verbindung mit einer selbst definierten Klasse verwenden. Diesen Vorgang nennt man *Operatoren überladen* (da damit einem bereits bekannten Operator eine zusätzliche Funktionalität hinzugefügt wird).

Um dies zu demonstrieren führen wir zunächst eine Klasse `Complex` ein. Eine Instanz dieser Klasse soll eine *komplexe Zahl* darstellen. Wenn Sie bisher noch keine Mathematikvorlesung an einer Hochschule besucht haben, sind Sie sehr wahrscheinlich noch nicht mit komplexen Zahlen in Kontakt gekommen. Das ist jedoch nicht weiter schlimm. Sollte Sie die genaue Theorie der komplexen Zahlen interessieren, empfehlen wir den Wikipedia-Artikel[6] über die komplexen Zahlen.

Für uns genügt es aber zu wissen, dass man sich eine komplexe Zahl einfach als zweidimensionale reelle Zahl vorstellen kann. Eine komplexe Zahl lässt sich also darstellen als ein Pärchen von reellen Zahlen. Statt auf einer eindimensionalen Zahlengerade werden komplexe Zahlen in zweidimensionalen Diagrammen (mit x und y-Achse) dargestellt. (1, 2) wäre demnach eine komplexe Zahl, ebenso wie (2.517, -8). Das erste Element wird *Realteil* der komplexen Zahl genannt, das zweite *Imaginärteil*.

---

[6]https://de.wikipedia.org/wiki/Komplexe_Zahl

Eine Klasse, die eine komplexe Zahl darstellt, lässt sich sehr einfach erstellen:

```
public class Complex
{
  public double Realteil { get; private set; }
  public double Imaginaerteil {get; private set; }

  public Complex(double real, double imag)
  {
    Realteil = real;
    Imaginaerteil = imag;
  }
}
```

Nun haben wir eine einfache Klasse, mit der wir komplexe Zahlen repräsentieren können. Wollen wir mit komplexen Zahlen rechnen, können wir jetzt zum Beispiel Methoden wie `Addiere`, `Subtrahiere` oder `Multipliziere` hinzufügen. Die Addition von komplexen Zahlen ist recht einfach: der Realteil des Ergebnisses einer Addition von komplexen Zahlen enthält die Summe der Realteile der beiden Summanden, der Imaginärteil des Ergebnisses enthält die Summe der Imaginärteile der beiden Summanden. Es gilt also:

```
(a, b) + (c, d) = (a+c, b+d)
```

Für eine intuitive Verwendung unserer Klasse können wir statt der Verwendung von Methoden zum Rechnen auch die bereits bekannten Operatoren wie +, -, usw. überladen.

Um einen Operator zu überladen, fügen wir in unsere Klasse eine spezielle statische Methode ein. Der Name der Methode muss immer `operator` lauten. Nach diesem Schlüsselwort folgt jedoch nicht direkt die Parameterliste, wie bei gewöhnlichen Methoden, sondern (mindestens) ein Leerzeichen sowie der Operator, der überladen werden soll. Die Parameter der Methode entsprechen den Operanden des Operatoraufrufs. Der Rückgabetyp entspricht dem Typ, den eine Operation mit dem Operator liefert.

Um mit unserer `Complex`-Klasse Additionen auszuführen, müssen wir den Operator + wie folgt überladen:

```
public class Complex
{
  ...

  public static Complex operator + (Complex a, Complex b)
  {
    return new Complex(a.Realteil + b.Realteil,
                       a.Imaginaerteil + b.Imaginaerteil);
  }
}
```

Jetzt können wir den Additionsoperator intuitiv mit unserer Klasse verwenden:

```
Complex a = new Complex(1, 5);
Complex b = new Complex(3, -8);

Complex summe = a + b; // summe entspricht nun (4, -3)
```

Im übrigen muss nicht jeder Operand einer Operator-Überladung eine Instanz der Ursprungsklasse sein. Wir können beispielsweise auch eine Additionsfunktion schreiben, mit der eine einfache double-Variable zu einer komplexen Zahl addiert wird. In diesem Fall bleibt der Imaginärteil der komplexen Zahl unverändert, die double-Variable wird lediglich zum Realteil der komplexen Zahl addiert:

```
public class Complex
{
  ...

  public static Complex operator + (Complex a, double b)
  {
    return new Complex(a.Realteil + b, a.Imaginaerteil);
  }
}

// Verwendung:
Complex a = new Complex(4, 6);
Complex summe = a + 12; // summe entspricht nun (16, 6)
```

So lange sich die Typen der Operanden unterscheiden, können Sie einen Operator beliebig oft überladen. (Es wäre also z.B. auch theoretisch möglich, den Operator + so zu überladen, dass ein Mensch-Objekt zu einer komplexen Zahl addiert wird.)

8 Vererbung

Die *Vererbung* ist ein sehr zentrales Konzept der objektorientierten Programmierung und damit auch in C#.

Vererbung bedeutet, das man aus einer Klasse eine neue Klasse *ableitet*, die alle Attribute, Eigenschaften und Methoden der Ursprungsklasse übernimmt. Der neuen Klasse kann man jedoch noch weitere, eigene Attribute, Eigenschaften und Methoden hinzufügen, die in der Ursprungsklasse nicht enthalten sind.

Vererbung wird also in der Regel dafür genutzt, eine Konkretisierung zu modellieren. Man sagt auch, mittels Vererbung wird eine „ist-ein"-Beziehung modelliert: ein Mensch ist ein Lebewesen, ein Hund ist ein Haustier, ein Haustier ist ein Tier, ein Tier ist ein Lebewesen, usw.

Von einer bestehenden Klasse können beliebig viele neue Klassen abgeleitet werden. Eine neue Klasse kann jedoch immer nur von genau einer Ursprungsklasse abgeleitet werden. Mittels Vererbung können Klassenhierarchien gebildet werden. Man spricht in diesem Zusammenhang von Oberklassen und Unterklassen: Lebewesen ist die Oberklasse von Mensch und Mensch ist eine Unterklasse von Lebewesen.

Um den Sinn von Vererbung besser zu verstehen, sehen wir uns jetzt einmal ein erstes Beispiel ohne Vererbung an:

```csharp
public class Mitarbeiter
{
  public string name;
  public string adresse;
  public long sozialversicherungsNummer;
  public double gehalt;
}
public class Kunde
{
  public string name;
  public string adresse;
  public long kundenNummer;
}
```

Wir sehen hier zwei eigenständige Klassen, die programmiertechnisch betrachtet in keinem Zusammenhang stehen. Die Klassen könnten zum Beispiel aus einer Buchhaltungssoftware stammen, die dabei hilft, den Überblick über Geschäftsvorgänge zu behalten. Die beiden Klassen sollen Objekte aus der „echten Welt" modellieren, nämlich Mitarbeiter und Kunden. Ein Mitarbeiter wird in diesem einfachen Beispiel charakterisiert durch Name, Adresse, Sozialversicherungsnummer und Gehalt. Ein Kunde wird dargestellt durch Name, Adresse und Kundennummer.

Auffällig ist, dass sowohl die Klasse Kunde als auch die Klasse Mitarbeiter die Attribute name und adresse beinhalten. Das bedeutet, dass wir an dieser Stelle *abstrahieren* können: wir haben zwei sehr konkrete Klassen, die sehr konkrete Objekte beschreiben. Wir suchen nach Gemeinsamkeiten innerhalb dieser Klassen und bilden diese Gemeinsamkeiten in einer gemeinsamen Oberklasse für die beiden konkreten Klassen ab.

Oder anders ausgedrückt: wir haben zwei spezielle Arten von Objekten, nämlich Mitarbeiter und Kunden. Und nun versuchen wir, einen allgemeineren Begriff zu finden, der beide Arten von Objekten abdeckt. Welcher Begriff würde sowohl Kunden als auch Mitarbeiter abdecken? Nun, zum Beispiel handelt es sich sowohl bei Kunden als auch bei Mitarbeitern um Personen. Eine Oberklasse `Person` wäre demnach die Verallgemeinerung der Unterklassen `Mitarbeiter` und `Kunde`.

Statt zwei voneinander unabhängigen Klassen `Mitarbeiter` und `Kunde` erschaffen wir nun eine Klassenhierarchie: Eine Oberklasse `Person`, von der die beiden Unterklassen `Mitarbeiter` und `Kunde` abgeleitet werden.

```csharp
public class Person
{
  public string name;
  public string adresse;
}
public class Mitarbeiter : Person
{
  public long sozialversicherungsNummer;
  public double gehalt;
}
public class Kunde : Person
{
  public long kundenNummer;
}
```

Wir sehen an dem Beispiel zunächst einmal, wie Vererbung in C# realisiert wird. Bei der Definition einer Klasse fügen wir nach dem Namen der neuen Klasse den Namen der Oberklasse nach einem Doppelpunkt ein. Das bewirkt, dass die neu definierte Klasse alle öffentlichen Eigenschaften und Methoden der Oberklasse übernimmt. Die beiden Attribute `name` und `adresse` sind also nach der im Beispiel gezeigten Klassendefinition auch Teil der beiden neuen Klassen `Mitarbeiter` und `Kunde`. Wir können die Klassen nun ganz normal benutzen, so wie wir Sie auch benutzen könnten, wenn wir sie ohne Vererbung (wie im einführenden Beispiel zu sehen) definiert hätten.

```csharp
Mitarbeiter mitarbeiter1 = new Mitarbeiter();
mitarbeiter1.name = "Martin Wolf";
mitarbeiter1.adresse = "Musterstrasse 12, Musterhausen";
mitarbeiter1.sozialversicherungsNummer = 123456789012345;
```

8.1 Der Zugriffsmodifizierer protected

Beim Ableiten einer Klasse werden alle öffentlichen Attribute, Eigenschaften und Methoden übernommen. Die Frage ist nun, was mit den privaten Attributen, Eigenschaften und Methoden geschieht. Auf diese besteht ja von außerhalb der eigenen Klasse keine Zugriffsmöglichkeit.

Und dies gilt auch beim ableiten: eine abgeleitete Klasse hat **keinen Zugriff** auf private Attribute, Eigenschaften und Methoden der Oberklasse.

Jetzt kommen wir aber wieder zu den Zugriffsmodifizierern. Wir haben `private` und `public` bereits kennen gelernt. Nun lernen wir einen weiteren Zugriffsmodifizierer kennen: `protected`. Der Zugriffsmodifizierer `protected` bietet den gleichen Zugriffsschutz wie private, jedoch mit der Ausnahme, dass Attribute, Eigenschaften und Methoden, die mit `protected` markiert sind, in abgeleiteten Klassen zugreifbar sind.

Wenn wir beim Erstellen einer Klasse den Zugriffsmodifizierer `protected` statt `private` verwenden, können später abgeleitete Subklassen auf die so markierten Attribute, Eigenschaften und Methoden der Basisklasse[7] zugreifen. Andere Klassen, die in keinem Zusammenhang mit der Basisklasse stehen, haben weiterhin keinen Zugriff auf diese Attribute, Eigenschaften und Methoden.

8.2 Konstruktoren

Konstruktoren sind zwar Spezialformen von Methoden, dennoch werden Konstruktoren beim Ableiten nicht an die Unterklasse weiter gegeben. Klassen benötigen übrigens keine expliziten Konstruktoren: wenn wir keinen eigenen Konstruktor angeben (wie z.B. bei den Klassen `Person`, `Kunde` und `Mitarbeiter` im vorherigen Beispiel) erzeugt C# automatisch einen Standard-Konstruktor, der alle Attribute bei der Initialisierung eines Objektes mit Standardwerten (`null` bei Referenzvariablen, 0 und `false` bei Werte-Typen) vorbelegt.

Als Standard-Konstruktor bezeichnen wir einen Konstruktor, dem keine Parameter übergeben werden. Im Konstruktor einer Unterklasse wird zunächst automatisch (d.h. implizit, ohne dass man es hin schreibt) der Standard-Konstruktor der Oberklasse aufgerufen. Das ist auch unabhängig davon, ob in der Oberklasse ein expliziter Konstruktor existiert oder ob von C# automatisch ein Standard-Konstruktor generiert wird, wenn der Programmierer keinen angegeben hat.

Als Programmierer können wir aber bei der Erstellung eines Konstruktors einer Subklasse auch explizit auf einen beliebigen Konstruktor der Oberklasse zugreifen. Dazu benutzen wir das Schlüsselwort `base`:

```
public Subclass(<Argumentliste_Konstruktor_Subklasse>)
      : base(<Argumentliste_Konstruktor_Oberklasse>)
{
  ...
}
```

Nach der Argumentliste des eigenen Konstruktors erfolgt noch vor der Angabe des Konstruktor-Rumpfes der Aufruf von `base`, gefolgt von der Argumentliste für den Konstruktor der Basisklasse.

Konkret könnten wir für unsere Klassen Person, Mitarbeiter und Kunde die folgenden Konstruktoren erzeugen, um Objekte direkt bei der Erstellung mit Werten für die Attribute initialisieren zu können:

```
public class Person
{
  ...
  public Person(string _name, string _adresse)
  {
    name = _name;
    adresse = _adresse;
  }
}
public class Mitarbeiter : Person
{
  ...
```

---

[7]Basisklasse ist ein anderes Wort für Oberklasse.

```
  public Mitarbeiter(string _name, string _adresse, long sozNr,
           double _gehalt) : base(_name, _adresse)
  {
    sozialversicherungsNummer = sozNr;
    gehalt = _gehalt;
  }
}
public class Kunde : Person
{
  ...
  public Kunde(string _name, string _adresse, long kNr)
          : base(_name, _adresse)
  {
    kundenNummer = kNr;
  }
}
```

Die Konstruktoren von Kunde und Mitarbeiter rufen über base() jeweils den Konstruktor von Person auf, der die Attribute name und adresse mit den übergebenen Werten initialisiert.

8.3 Die Basisklasse object

Alle Klassen in C# sind automatisch Unterklassen der Basisklasse object. Wenn Sie keine explizite Basisklasse für eine Klasse angeben, wird automatisch und implizit die Basisklasse object verwendet.

Die Klasse object hat kaum nennenswerte eigene Funktionalität. Sie dient lediglich dazu, dass alle Klassen eine gemeinsame Oberklasse haben, was in einigen Situationen nützlich sein kann, wir wir später noch sehen werden. object ist also die Mutter aller Klassen.

8.4 Typ-Hierarchien

Die Vererbung bringt im Zusammenhang mit Klassen noch einige weitere neuen Möglichkeiten mit sich.

Wenn wir eine Variable von einem bestimmten Typen deklarieren, können wir dieser Variable nicht nur Objekte, die genau diesem Typen entsprechen, zuweisen, sondern auch Objekte einer Unterklasse. Das bedeutet zum Beispiel, dass wir eine Variable vom Typ object (der Mutterklasse aller Objekte) erstellen können und dieser Variable alle beliebigen Objekte zuweisen können.

```
object objectMitarbeiter = new Mitarbeiter();
```

Ebenso können wir eine Variable von unserem eigenen Typ Person anlegen und dieser Variable Objekte der beiden Unterklassen zuweisen:

```
Person personMitarbeiter = new Mitarbeiter();
```

Aber Achtung: wenn wir einer Variable ein Objekt einer Unterklasse zuweisen, haben wir dabei nur Zugriff auf die Attribute, Eigenschaften und Methoden, die in der Ursprungsklasse enthalten sind. In dem Beispiel haben wir Zugriff auf die Attribute name und adresse von personMitarbeiter, nicht jedoch auf die Attribute `sozialversicherungsNummer` und `gehalt`, da diese in der Klasse `Mitarbeiter` enthalten sind und nicht in der Klasse `Person`.

Die Attribute, Eigenschaften und Methoden der Unterklasse sind jedoch in diesem Fall auch nicht verloren gegangen: wir können das Objekt jederzeit wieder einer Variable des speziellen Untertyps zuweisen und erhalten damit wieder Zugriff auf die spezifischen Attribute und Methoden:

```
Person mitarbeiter = new Mitarbeiter();
Mitarbeiter mitarbeiterAlsMitarbeiter = (Mitarbeiter) mitarbeiter ;

long sozialvers = mitarbeiterAlsMitarbeiter.sozialversicherungsNummer;
double gehalt = mitarbeiterAlsMitarbeiter.gehalt;
```

Um ein Objekt einer Oberklasse einer Variable eines „niedrigeren" Types zuweisen zu können, müssen wir eine explizite Typumwandlung durchführen. Wir haben das bereits bei der Typumwandlung bei den primitiven Datentypen gesehen. Das funktioniert hier analog, die Umwandlung erfolgt wie im Beispiel zu sehen über die Syntax

```
(UNTERKLASSE) ObjektDerOberklasse
```

Doch hierbei müssen wir aufpassen, denn nicht jedes Objekt einer Oberklasse kann zu einem Objekt einer Unterklasse umgewandelt werden:

```
Person kunde = new Kunde();
Mitarbeiter kundeAlsMitarbeiter = (Mitarbeiter) kunde;
```

Dieses Beispiel lässt sich zwar übersetzen, wird aber bei der Ausführung eine Ausnahme verursachen und damit zum Absturz des Programms führen. In der Variable `kunde` haben wir eben einen Verweis auf ein `Kunde`-Objekt gespeichert und keinen Verweis auf ein `Mitarbeiter`-Objekt. Daher schlägt die Typumwandlung fehl.

Bevor wir einen Typ explizit umwandeln, sollten wir also auf jeden Fall sicher stellen, dass es sich bei dem Objekt, das umgewandelt werden soll, auch um den erwarteten Typen handelt. Dafür gibt es in C# den `is`-Operator: mit diesem lässt sich prüfen, ob ein Objekt vom Typ einer bestimmten Klasse oder einer Unterklasse davon ist.

```
Person kunde = new Kunde();
Mitarbeiter kundeAlsMitarbeiter;
if (kunde is Mitarbeiter)
  kundeAlsMitarbeiter = (Mitarbeiter) kunde;
else
  kundeAlsMitarbeiter = null;
```

Alternativ kann man bei Referenz-Typen auch den `as`-Operator zur expliziten Typumwandlung verwenden. Falls eine Typumwandlung nicht möglich ist, löst dieser Operator keine Ausnahme und damit einen Absturz des Programms aus, sondern liefert `null` als Ergebnis. Das vorherige Beispiel lässt sich mit Hilfe des `as`-Operators verkürzen:

```
Person kunde = new Kunde();
Mitarbeiter kundeAlsMitarbeiter = kunde as Mitarbeiter;
```

8.5 Methoden überschreiben

Wir haben gesehen, dass öffentliche Methoden beim Ableiten einer Klasse in die neue Klasse übernommen werden. Eine sehr wichtige Eigenschaft der Vererbung in C# ist jedoch die Möglichkeit, die Implementierung einer Methode in der abgeleiteten Klasse zu überschreiben. Man spricht dann davon, dass die Methode *überschrieben* wird.

Um dies zu ermöglichen, muss die ursprüngliche Methode in der Basisklasse zunächst mit dem Schlüsselwort `virtual` markiert werden. Dieses wird nach dem Zugriffsmodifizierer der Methode eingefügt:

```csharp
public class TheBaseClass
{
  public virtual int getValue()
  {
    return 3;
  }
}
```

Wenn eine virtuelle Methode in einer Unterklasse überschrieben werden soll, muss analog das Schlüsselwort `override` nach dem Zugriffsmodifizierer eingefügt werden:

```csharp
public class TheSubClass : TheBaseClass
{
  public override int getValue()
  {
    return 5;
  }
}
// ...
TheSubClass sub = new TheSubClass();
int result = sub.getValue(); // 5
```

Man kann beim Implementieren einer Unterklasse übrigens mit dem Schlüsselwort `base` auf die Attribute, Eigenschaften und Methoden der Oberklasse zugreifen (so lange sie nicht als `private` markiert sind):

```csharp
public class TheSubClassAlternate : TheBaseClass
{
  public override int getValue()
  {
    return base.getValue() + 2;
  }
}
// ...
TheSubClassAlternate sub = new TheSubClassAlternate();
int result = sub.getValue(); // 5
```

8.6 Die Equals-Methode

Im vorherigen Kapitel haben wir darüber gesprochen, dass der Vergleich von Referenzvariablen gar nicht so einfach ist. Hierbei werden im Standardfall lediglich die Adressen im Speicher verglichen. Es wird jedoch nicht geprüft, ob eine strukturelle Übereinstimmung zwischen zwei Objekten vorliegt.

Die Basisklasse object stellt eine Methode Equals bereit, mit der zwei Objekte auf Gleichheit geprüft werden können. Diese Methode macht aber auch nichts anderes, als die Referenzen auf Gleichheit zu prüfen (d.h. a == b). Da alle Klassen der Oberklasse object abstammen, kann man statt dem Operator == auch die Equals-Methode für die Prüfung auf Gleichheit zwischen zwei Objekten verwenden.

Die Methode Equals ist in der Klasse object als virtual deklariert - d.h. wir können diese Methode in einer eigenen Klasse überschreiben und einen besseren Vergleich realisieren. Wir demonstrieren am Beispiel unserer Mensch-Klasse, wie man einen strukturellen Gleichheitstest realisieren kann:

```
public class Mensch
{
  public int groesse { get; private set; }

  // ... weitere Methoden ...

  public override bool Equals(object other)
  {
    if (other is Mensch)
    {
      Mensch otherMensch = other as Mensch;
      return otherMensch.groesse == this.groesse;
    }
    return false;
  }
}
```

Die Methode Equals erhält ein Vergleichsobjekt vom Typ object: ein Objekt kann mit jedem beliebigen Objekt verglichen werden, es muss nicht vom selben Typ sein. Trotzdem macht es Sinn, dass zwei Objekte nur dann strukturell gleich sein können, wenn sie vom gleichen Typ sind. Daher benutzen wir zunächst den is-Operator, um herauszufinden, ob das Vergleichsobjekt auch vom Typ Mensch ist. Wenn das nicht der Fall ist, können wir sofort false als Ergebnis der Prüfung zurück geben.

Ist das Vergleichsobjekt vom richtigen Typ, dann führen wir eine explizite Typumwandlung durch, um über eine Mensch-Variable auf das Objekt zugreifen zu können. In unserem einfachen Beispiel hat die Mensch-Klasse nur eine Eigenschaft: die Größe. Wir vergleichen also die Größe des eigenen Objektes mit der Größe des Vergleichsobjektes. Sind die Größen gleich, sagen wir, dass die Objekte strukturell gleich sind, ansonsten eben nicht.

In der Realität würde es natürlich Sinn machen, hier eine komplexere Prüfung vorzunehmen (z.B. Name, Adresse, Gewicht, Größe, etc auf Gleichheit zu prüfen und nur dann eine strukturelle Gleichheit zu bejahen wenn alle Eigenschaften übereinstimmen). Das Prinzip soll an dieser Stelle bloß an einem möglichst einfachen Beispiel mit nur einem Attribut demonstriert werden.

8.6.1 Hash-Werte

Wenn wir die `Equals`-Methode wie im vorherigen Abschnitt gezeigt in eine Klasse einführen, erhalten wir plötzlich in Visual Studio eine Warnmeldung. Man sieht dies daran, dass der Klassenname in der Quelltextdatei „unterkringelt" wird und im Tooltip finden wir den Hinweis, dass die Methode `GetHashCode` nicht überschrieben worden sei.

`GetHashCode` ist eine weitere Methode, die bereits in der Basisklasse `object` enthalten ist. Diese Methode liefert für jede Instanz eines Typs einen eindeutigen `int`-Wert. Diese Funktionalität wird z.B. benötigt, wenn man Objekte in einigen in C# integrierten Datenstrukturen ablegen möchte[8].

Die Idee dahinter ist: unterschiedliche Objekte haben unterschiedliche Hash-Werte. Gleiche Objekte haben jedoch auch gleiche Hash-Werte. Da wir nun die `Equals`-Methode geändert haben, ist nicht mehr sicher gestellt, dass gleiche Objekte (d.h. Objekte, bei denen die Gleichheitsprüfung mit `Equals` `true` ergibt) auch den gleichen Hash-Wert liefern.

Wenn wir in einer Klasse die Methode `Equals` überschreiben, sollten wir immer auch die Methode `GetHashCode` überschreiben. So können wir sicher stellen, dass die geforderte Äquivalenz zwischen Gleichheit und Hash-Wert bestehen bleibt.

Im gezeigten Beispiel geht das noch sehr einfach: die Methode `Equals` liefert genau dann `true`, wenn die Eigenschaft `groesse` bei den verglichenen Instanzen übereinstimmt. Daher können wir (in diesem einfachen Fall) als Hash-Wert einer `Mensch`-Instanz den Hash-Wert des `groesse`-Attributes verwenden.

```
public class Mensch
{
  public int groesse { get; private set; }

  // ... weitere Methoden ...

  public override int GetHashCode()
  {
    return groesse.GetHashCode();
  }
}
```

8.6.2 Gleichheitsoperator überladen

In Kapitel 7.5 haben wir gesehen, dass wir die arithmetischen Operatoren überladen können. Das gilt jedoch auch für die Vergleichsoperatoren. Wenn wir den Gleichheitsoperator `==` überladen, können wir diesen für strukturelle Vergleiche verwenden, statt die Methode `Equals` zu benutzen.

Zu beachten ist: wenn der Gleichheitsoperator überladen wird, muss auf jeden Fall auch der Ungleichheitsoperator `!=` überladen werden.

```
public class Mensch
{
  ...

  public static bool operator ==(Mensch a, Mensch b)
```

---

[8]Wir werden einige dieser Datenstrukturen später noch kennen lernen.

```
    {
        if (object.ReferenceEquals(a, null))
        {
            return object.ReferenceEquals(b, null);
        }
        return a.Equals(b);
    }

    public static bool operator !=(Mensch a, Mensch b)
    {
        return !(a == b);
    }
}

// Verwendung
bool isGleich = new Mensch(180) == new Mensch(180); // true
```

Die grundsätzliche Idee für den Gleichheitsoperator == ist einfach: es wird schlicht die Equals-Methode für die Prüfung auf Gleichheit verwendet.

Probleme kann es höchstens geben, wenn das erste Objekt, a, null ist. Dann würde der Aufruf der Methode Equals auf diesem Objekt nämlich eine Ausnahme verursachen und das Programm zum Absturz bringen. Wir müssen also prüfen, ob a == null. Das Problem dabei: wir definieren ja grade den Code für den Operator ==. Wir können nicht den Operator selbst verwenden, um den Operator intern zu definieren - das würde uns in eine Art Endlosschleife führen.

Hier hilft uns wieder die Basisklasse object aus: diese besitzt eine statische Methode ReferenceEquals, mit der sich prüfen lässt, ob zwei Referenzen (d.h. Speicheradressen) überstimmen. Wir nutzen also ReferenceEquals zunächst, um zu prüfen ob a null ist. Ist das der Fall, dann sind die beiden Objekte gleich, wenn auch b null ist. Ist b dagegen nicht null, sind die beiden Objekte ungleich (da dann a gleich null ist, b aber auf ein konkretes Objekt verweist). Daher können wir in diesem Fall direkt das Ergebnis der Prüfung, ob b gleich null ist, als Endergebnis des Vergleiches zurück geben.

Der Operator != verwendet nun den Operator == und negiert lediglich das Ergebnis.

8.7 Abstrakte Klassen

Mit Hilfe der Vererbung kann man *abstrahieren*: man findet Gemeinsamkeiten zwischen zwei oder mehreren Klassen und erstellt eine Oberklasse, die diese Gemeinsamkeiten zwischen den Klassen in einer eigenen Klasse bündelt. Nun kann man allerdings auch Instanzen dieser Oberklasser erstellen.

Das mag in vielen Fällen so auch gewünscht sein, doch in manchen Fällen macht es eventuell keinen Sinn, konkrete Instanzen einer Oberklasse zu erstellen. Das ist insbesondere dann der Fall, wenn die Oberklasse nur deswegen geschaffen wurde, um gemeinsame Merkmale von Unterklassen zu bündeln. In einem solchen Fall hat man die Möglichkeit, eine Klasse als *abstrakt* zu markieren. Von abstrakten Klassen können keine Instanzen erstellt werden (new AbstractClass() führt also zu einem Compilerfehler), sondern Sie dienen nur als Basisklasse für konkretere Unterklassen.

Abstrakte Klassen können mit dem Schlüsselwort **abstract** erzeugt werden:

```
public abstract class Person
{
  string name;
  string adresse;
}

public class Mitarbeiter : Person
{
  public long sozialversicherungsNummer;
  public double gehalt;
}
```

In diesem Beispiel können keine Instanzen von `Person` erstellt werden, jedoch von `Mitarbeiter`.

8.8 Abstrakte Methoden

Eine abstrakte Klasse kann auch sogenannte *abstrakte Methoden* enthalten. Eine abstrakte Methode ist eine Methode, die keine Implementierung besitzt, sondern nur die *Signatur*[9] und den Rückgabetyp vorgibt.

Von einer abstrakten Klasse können sowieso keine Instanzen erstellt werden. Daher ist es möglich, dort auch Methoden anzugeben, die keine Implementierung besitzen. Wenn eine Klasse eine abstrakte Methode besitzt, muss jede nicht-abstrakte Unterklasse diese abstrakte Methode implementieren.

Das Konzept der abstrakten Methoden dient dazu, in einer abstrakten Oberklasse festzulegen, welche Funktionalität eine Unterklasse besitzen muss. Beachten Sie: eine abgeleitete Klasse muss nicht unbedingt alle abstrakten Methoden der Oberklasse implementieren. Dann muss die abgeleitete Klasse selbst aber wiederum eine abstrakte Klasse sein. Eine Klasse kann erst dann "nicht-abstrakt" sein, wenn alle abstrakten Methoden der Oberklassen implementiert worden sind.

```
public abstract class Maschine
{
  public abstract int berechneEnergieverbrauch();

  public int energieverbrauchInStunden(int anzahlStunden)
  {
    return berechneEnergieverbrauch() * anzahlStunden;
  }
}

public class Roboter : Maschine
{
  public override int berechneEnergieverbrauch()
  {
    int energie = 1712;

    // ... weitere Berechnungen ...

    return energie;
  }
```

---

[9]Die Kombination aus dem Namen und der Parameterliste einer Methode nennen wir ihre Signatur.

```
  }

public class PerpetuumMobile : Maschine
{
  public override int berechneEnergieverbrauch()
  {
    return 0;
  }
}
```

Im Beispiel sehen wir, wie abstrakte Klassen und Methoden gehandhabt werden: in der abstrakten Klasse wird bei der Deklaration der Methode einfach das Schlüsselwort abstract eingefügt. Zudem wird in der abstrakten Klasse keine Implementierung der Methode angegeben, sondern die Deklaration der Methode einfach mit einem Semikolon abgeschlossen.

In den Unterklassen wird die Methode dann ganz normal (mit dem Schlüsselwort override) implementiert, wobei sich die Implementierung in den Unterklassen unterscheiden kann. Das Perpetuum Mobile in unserem Beispiel verbraucht gar keine Energie, wohingegen ein normaler Roboter einen gewissen Energieverbrauch aufweist, der von der entsprechenden Methode berechnet wird.

Beachten Sie auch: eine abstrakte Methode kann bereits in der abstrakten Basisklasse verwendet werden, obwohl sie dort noch keine Implementierung besitzt. In unserem Beispiel hat die abstrakte Klasse Maschine eine gewöhnliche Methode energieverbrauchInStunden. Innerhalb dieser Methode wird die abstrakte Methode berechneEnergieverbrauch verwendet, um den Gesamt-Energieverbrauch über mehrere Stunden zu berechnen.

Das ist deshalb möglich, weil die Methode energieverbrauchInStunden erst aufgerufen werden kann, wenn eine nicht-abstrakte Unterklasse erstellt worden ist. Wenn wir auf einer Instanz einer konkreten Unterklasse (im Beispiel Roboter oder PerpetuumMobile) die Methode energieverbrauchInStunden aufrufen, wird intern jeweils die konkrete Implementierung der jeweiligen Unterklasse der Methode berechneEnergieverbrauch verwendet.

8.9 Mehrfachvererbung

In den vorangegangenen Abschnitten haben wir gesehen, dass man beim Erstellen einer neuen Klasse eine Basisklasse angeben kann, deren öffentliche Attribute, Eigenschaften und Methoden in die neue Klasse übernommen werden. Es gibt Programmiersprachen, bei denen kann man mehr als eine Basisklasse für eine neue Klasse angeben. Man spricht dann von *Mehrfachvererbung*, da dann die Attribute und Methoden von mehreren Klassen in die neue Klasse vererbt werden.

In C# gibt es dagegen keine Mehrfachvererbung. Es kann immer nur maximal von einer Basisklasse abgeleitet werden. Auf den ersten Blick mag die Mehrfachvererbung zwar praktisch sein, in der Praxis kann es aber zu Problemen kommen:

```
public class Fotoapparat
{
  public void shoot()
  {
    Console.WriteLine("Schiesse ein Foto");
  }
}
```

81

```
public class Kanone
{
  public void shoot()
  {
    Console.WriteLine("Feuere einen Schuss ab");
  }
}

public class MultifunktionsRoboter : Fotoapparat, Kanone
{
}
```

Im gezeigten Beispiel haben wir zwei unabhängige Klassen (Fotoapparat und Kanone), die jeweils eine Methode shoot besitzen. Nun erstellen wir eine neue Klasse MultifunktionsRoboter, die von beiden Klassen ableitet. Doch welche shoot-Methode wird nun in die neue Klasse MultifunktionsRoboter übernommen? Oder anders ausgedrückt: würden Sie sich von einem solchen Multifunktionsroboter fotografieren lassen?

Bei der Mehrfachvererbung kann es zu Situationen kommen, in denen es nicht eindeutig ist, welche Implementierung einer Methode in eine abgeleitete Klasse übernommen wird. Daher wurde die Mehrfachvererbung in C# komplett außen vor gelassen. Der oben gezeigte Code lässt sich demnach auch nicht übersetzen, da für die Klasse MultifunktionsRoboter zwei Basisklassen angegeben wurden.

8.10 Schnittstellen

Als Ersatz für die Mehrfachvererbung gibt es in C# das Konzept der *Schnittstelle* (engl. *interface*). Ein Interface kann man sich in etwa vorstellen als eine abstrakte Klasse, die ausschließlich aus öffentlichen, abstrakten Methoden besteht.

Von einer Schnittstelle kann man also nicht direkt Instanzen erstellen. Die Schnittstelle dient lediglich als Schablone, um davon konkrete Unterklassen abzuleiten. Man spricht dann davon, dass eine konkrete Unterklasse eine Schnittstelle *implementiert*. Die Schnittstelle gibt vor, welche Methoden eine Klasse, die die Schnittstelle implementiert, (mindestens) besitzen muss.

Eine Unterklasse kann von maximal einer Oberklasse abgeleitet werden. Zusätzlich kann die abgeleitete Klasse aber beliebig viele Schnittstellen implementieren. Das in Abschnitt 8.9 gezeigte Problem mit der Uneindeutigkeit von übernommenen Methoden tritt bei Schnittstellen nicht auf. Interfaces besitzen keine Implementierungen der Methoden, daher muss jede Methode sowieso in der Unterklasse implementiert werden. Somit ist es auch kein Problem, wenn eine Methode in mehreren Interfaces enthalten ist.

Interfaces können keine Konstruktoren beinhalten: von Interfaces können keine Instanzen erzeugt werden und Konstruktoren werden auch nicht vererbt - daher sind Konstruktoren in Interfaces überflüssig. Bei der Deklaration von Interfaces entfällt auch die Angabe der Zugriffsmodifizierer: alle Elemente der Schnittstelle haben automatisch die gleiche Sichtbarkeit wie die Schnittstelle selbst (also in der Regel public).

```
public interface Buyable
{
  double getPreis();
}
```

```
        }

public class Topf : Buyable
{

  public double getPreis()
  {
    return 10.5;
  }

  public double getVolumen()
  {
    return 6.5;
  }
}

// Verwendung:
Topf topf = new Topf();
double topfPreis = topf.getPreis();
double topfVolumen = topf.getVolumen();

Buyable topfBuyable = new Topf();
double topfBuyablePreis = topfBuyable.getPreis();
// Achtung: ueber eine Variable vom Typ Buyable besteht kein
// Zugriff auf getVolumen()
```

Das Beispiel zeigt die Deklaration und Verwendung einer Schnittstelle. Bei der Definition einer Klasse wird das zu implementierende Interface hinter einem Doppelpunkt an den Klassennamen angehängt (also komplett analog zum gewöhnlichen Ableiten von einer Basisklasse). Sollen mehrere Schnittstellen implementiert werden, werden diese durch Komma getrennt:

```
public class Topf : Buyable, Sellable
```

Die Angabe der zu implementierenden Schnittstellen erfolgt hinter der Angabe einer eventuellen Oberklasse:

```
public class Topf : Kuechengeraete, Buyable, Sellable
```

Wir können auch Variablen vom Typ einer Schnittstelle anlegen. Diesen Variablen können wir Objekte einer Klasse, die diese Schnittstelle implementiert, zuweisen. Dabei müssen wir beachten, dass es wie bei gewöhnlichen Basisklassen über eine solche Variable nur Zugriff auf diese Methoden gibt, die in der Schnittstelle enthalten sind. Eventuelle Methoden, die die Klasse noch zusätzlich zu den Methoden der Schnittstelle implementiert, können über eine Schnittstellen-Variable nicht angesprochen werden.

Um wieder Zugriff auf alle Methoden der Klasse zu erhalten, können wir eine explizite Typumwandlung durchführen:

```
Buyable topfBuyable = new Topf();
Topf topf = (Topf) topfBuyable;
double volumen = topf.getVolumen();
```

9 Generics

Mittels so genannter *Generics* lässt sich Code schreiben, der für verschiedene Typen wiederverwendbar ist. Man kann damit *Typparameter* in eine Klasse einfügen, die erst bei der Verwendung der Klasse belegt werden müssen.

Aus einer einzelnen Klassendefinition können auf diese Weise unendlich viele Klassen erstellt werden, indem man den Typparameter mit unterschiedlichen Typen belegt.

Wir schauen uns dazu ein sehr einfaches Beispiel an. Wir erstellen eine Klasse, die nur ein beliebiges Objekt speichern soll und bei Bedarf das Objekt über eine Methode zurück liefern soll.

```
public class ObjectStore<T>
{
  private T myObject;

  public ObjectStore(T obj)
  {
    myObject = obj;
  }

  public T getMyObject()
  {
    return myObject;
  }
}

// Verwendung:
ObjectStore<string> store1 =
    new ObjectStore<string>("hallo");
string myObject = store1.getMyObject();

ObjectStore<Mensch> store2 =
    new ObjectStore<Mensch>(new Mensch(180, 70));
Mensch myMensch = store2.getMyObject();
```

Um eine Klasse generisch zu machen, führen wir die gewünschten Typparameter hinter dem Klassennamen in spitzen Klammern an. Wollen wir mehrere Typparameter verwenden, trennen wir sie durch Komma.

Ein Typparameter kann ein beliebiger Bezeichner sein, üblicherweise nimmt man dafür einzelne Großbuchstaben, beginnend mit T (wie Typ).

Einen zu Beginn eingeführten Typparameter können wir innerhalb der Klassendefinition verwenden. In Beispiel legen wir fest, dass das zu speichernde innere Objekt vom Typ T sein muss. Was genau T ist, wird dann später beim Anlegen einer ObjectStore-Instanz festgelegt. Der Parameter-Typ des Konstruktors wird ebenfalls auf T gesetzt und der Rückgabetyp der Zugriffsmethode getMyObject muss ebenfalls entsprechend gesetzt werden.

Danach können wir die generische Klasse verwenden. Wenn wir eine Variable anlegen wollen, müssen wir angeben, wie unser Typ-Parameter instanziiert wird. Für unser erstes Objekt verwenden wir den Typ ObjectStore<string>. Das bedeutet, dass nun implizit von C# ein Typ erzeugt wird, bei dem alle Auftreten des Typparameters T innerhalb unserer Definition durch string ersetzt wird. Ebenso müssen wir auch bei der Erzeugung eines neuen Objektes mit dem `new`-Operator wieder die Belegung für den Typ-Parameter angeben. Wir können dann die Methode `getMyObject` verwenden und erhalten die Zeichenkette, die wir in dem Objekt gespeichert haben, zurück.

In unserem Beispiel haben wir auch noch eine zweite `ObjectStore`-Instanz angelegt, in dieser belegen wir den Typ-Parameter `T` mit dem Typ `Mensch`. Daher können wir dann Objekte vom Typ `Mensch` in der Klasseninstanz speichern.

Eine generische Klasse ist also eine Klassenschablone, bei der aus einer einzigen Klassendefinition durch die Verwendung von Typ-Parametern beliebig viele konkrete Klassen erstellt werden können.

9.1 Generische Methoden

Es ist übrigens nicht unbedingt nötig, eine ganze Klasse generisch zu halten. Auch einzelne Methoden einer nicht-generischen Klasse können generisch sein:

```
public class ClassWithGenericMethod
{
  public static void tauschen<T>(ref T object1, ref T object2)
  {
    T temp = object1;
    object1 = object2;
    object2 = temp;
  }
}


// Verwendung
int x = 6, y = 7;
ClassWithGenericMethod.tauschen(ref x, ref y);

string name1 = "Daniel", name2 = "Detlef";
ClassWithGenericMethod.tauschen(ref name1, ref name2);
```

Bei einer generischen Methode wird der Typ-Parameter hinter dem Methodenname deklariert. Der Typ-Parameter kann daraufhin innerhalb der Methode verwendet werden.

In unserem Beispiel haben wir eine (statische) generische Methode erstellt, die die beiden übergebenen Argumente vertauscht.

Bei der Verwendung erkennt der Compiler automatisch, wie der Typ-Parameter instanziiert wurde. Im Beispiel übergeben wir der Methode `tauschen` zunächst zwei `int`-Werte. Damit ist klar, dass der Typ-Parameter `T` mit dem Typen `int` belegt wurde.

In manchen Fällen kann die Belegung des Typ-Parameters nicht automatisch erkannt werden. Dann müssen wir das bei der Benutzung der Methode explizit angeben.

```
int x1 = 10, y1 = 20;
ClassWithGenericMethod.tauschen<int>(ref x1, ref y1);
```

9.2 Generische Constraints

Bisher haben wir Typ-Parameter verwendet, die mit allen beliebigen Typen belegt werden können. Das führt jedoch zu Einschränkungen bei der Benutzung entsprechender Objekte. Haben wir in einer Klasse ein Objekt eines Typ-Parameter T, dann wissen wir so gut wie gar nichts über dieses Objekt. Es könnte sich um wirklich jedes Objekt handeln.

Das bedeutet auch, dass wir auf diesem Objekt nur die Methoden der Klasse object aufrufen können. (Jede Klasse ist eine Unterklasse von object und hat dementsprechend deren Methoden geerbt.) Die Methode Equals von object haben wir bereits kennen gelernt. Eine andere object-Methode ist ToString(), die aus einem beliebigen Objekt eine string-Repräsentation erstellt.

In manchen Situationen wollen wir den für einen Typ-Parameter verwendbaren Typen aber einschränken, sodass nicht alle möglichen Typen verwendet werden können. Stattdessen wollen wir für einen Typ-Parameter festlegen, dass er von einem bestimmten Typ oder einer Unterklasse davon sein muss.

Erinnern wir uns an unsere Klassenhierarchie Person → (Mitarbeiter, Kunde). Wir können einen Typ-Parameter so einschränken, dass nur Typen, die entweder die Klasse Person oder eine Unterklasse davon sind, verwendet werden können. In diesem Fall wüssten wir, dass ein Objekt diesen Typs mindestens die Attribute, Eigenschaften und Methoden der Klasse Person besitzt. Auf diese Attribute, Eigenschaften und Methoden können wir deshalb innerhalb der Klassendefinition zugreifen.

Wir ändern unser Beispiel abermals ab, sodass nur die Klasse Person und ihre Unterklassen als Typ-Parameter verwendet werden können:

```
public class ObjectStoreConstraint<T> where T : Person
{
  private T myObject;

  public ObjectStoreConstraint(T obj)
  {
    myObject = obj;
  }

  public String getName()
  {
    return myObject.name;
  }
}

// Verwendung:
Mitarbeiter saskia = new Mitarbeiter();
saskia.name="Saskia Werner";

ObjectStoreConstraint<Mitarbeiter> store3 =
    new ObjectStoreConstraint<Mitarbeiter>(saskia);
string name = store3.getName();

Kunde ralf = new Kunde();
ralf.name = "Ralf Mueller";

ObjectStoreConstraint<Kunde> store4 =
```

```
        new ObjectStoreConstraint<Kunde>(ralf);
string name2 = store4.getName();
```

Um einen Typ-Parameter einzuschränken, verwenden wir das Schlüsselwort `where`, um die Einschränkung anzugeben. In unserem Beispiel legen wir fest, dass `T` von einem Untertyp von `Person` (oder `Person` selbst) sein muss. Von nun an können wir innerhalb der Klassendefinition bei Variablen vom entsprechenden Typ davon ausgehen, dass es sich um Objekte von diesem Typen oder einer Unterklasse davon handelt. Damit können wir z.B. in der Methode `getName()` auf das name-Attribut der Klasse `Person` zugreifen.

Einschränkungen können auch für generische Methoden verwendet werden. Zudem gibt es noch mehr Möglichkeiten, den verwendbaren Typen einzuschränken. Insbesondere kann statt einer Basisklasse auch eine Schnittstelle angegeben werden, die der Typ implementieren muss.

```
public void verkaufe<T>(T verkaufObject) where T : Sellable
{
    ...
}
```

10 Arrays und Collections

Wir kennen nun viele Funktionalitäten und Features der Programmiersprache C#, einen sehr wichtigen Bestandteil haben wir aber bisher ausgelassen: *Arrays* bzw. allgemein die *Collections*. Bisher haben wir nur solche Variablen gesehen, die genau ein einzelnes Objekt aufnehmen können. Die Collections sind Strukturen, mit denen mehrere Objekte verwaltet werden können.

10.1 Arrays

Die Arrays, zu deutsch *Felder*, gehören gewissermaßen zu den Bordmitteln von C# und auch vielen anderen Programmiersprachen. Ein Array ist eine Ansammlung von Objekten oder Werten desselben Typs. Wenn wir beispielsweise 5 `int`-Variablen benötigen, können wir 5 Variablen manuell anlegen. Wir können aber auch ein Array verwenden, in das wir dann 5 Werte hinein schreiben. Wir können uns ein Array wie eine Liste von Objekten vorstellen.

Ein Array wird nach folgender Syntax deklariert:

```
TYP[] NAME;
```

Im Gegensatz zu einer normalen Variable wird eine Array-Variable durch das zusätzliche Nachstellen von `[]` kenntlich gemacht. Mit diesem Befehl wurde lediglich eine Variable vom Typ Array angelegt, es existiert noch kein tatsächliches Array. Das Array kann auf verschiedene Weisen angelegt werden. Wir sehen uns das anhand eines Beispiels an, bei dem wir auf verschiedene Arten ein Array aus `int`-Werten erzeugen.

```
// Variante 1:
int[] feld1;
feld1 = new int[5];

// Variante 2:
int[] feld2 = new int[5];

// Variante 3:
int[] feld3 = {0, 0, 0, 0, 0};

// Variante 4:
int[] feld4;
feld4 = new int[] {0, 0, 0, 0, 0};
```

Variante 1 und 2 zeigen die Standard-Initialisierung von Arrays mit dem Operator `new`. Die Zahl innerhalb der eckigen Klammern gibt an, wie groß das Feld ist, d.h. wie viele Werte oder Objekte des angegebenen Typen das Feld enthalten kann. Die Größe eines Feldes kann nachträglich nicht mehr verändert werden.

Bei der Verwendung des `new`-Operators werden die einzelnen Positionen innerhalb des Arrays vorinitialisiert: bei einem `int`-Feld mit 0, ebenso wie bei den anderen numerischen Feldern. `boolean`-Felder werden mit `false` initialisiert. Bei Arrays von Referenz-Typen werden alle Elemente mit `null` initialisiert.

Variante 3 und 4 zeigen, wie man ein Feld beim Anlegen selbst mit gewünschten Werten initialisieren kann. Wenn man die Initialisierung wie in Variante 3 direkt bei der Deklaration durchführt, genügt es, die Werte in geschweiften Klammern anzugeben. Möchte man das Array erst später initialisieren, wie in Methode 4, so wird zusätzlich der new-Operator benötigt. Beachten Sie, dass in diesem Fall nicht die Größe des Feldes mit dem new-Operator angegeben wird, sondern die Größe des Feldes automatisch aus der Anzahl der angegebenen Werte für die Initialisierung abgeleitet wird.

10.1.1 Zugriff auf die Array-Inhalte

Auf die Inhalte eines Array kann mit dem Index-Operator [] zugegriffen werden. Damit können Werte sowohl gelesen als auch geschrieben werden:

```
int[] feld = {1, 3, 5, 7};

int ersterWert = feld[0]; // ersterWert hat nun den Wert 1
feld[0] = feld[3]; // an erster Position im Array steht nun der Wert 7
ersterWert = feld[0]; // ersterWert hat nun den Wert 7
```

Beim []-Operator wird der *Index* angegeben, auf den zugegriffen werden soll. Indices sind in der Informatik fast immer null-basiert, d.h. der Index 0 bezeichnet das erste Element, der Index 1 das zweite Element usw.

Der Zugriff auf einen nicht existenten Index löst eine Ausnahme (diese lernen wir in Kapitel 11 kennen) aus und führt zum Absturz des Programms.

10.1.2 Länge eines Feldes auslesen

Die Länge eines Feldes können wir mit Hilfe des Attributes Length auslesen. Das geht folgendermaßen:

```
int[] feld = {1, 3, 5, 7};

int laenge = feld.Length;
```

Die Variable laenge hat nun den Wert 4.

10.1.3 Schleifen

Oft verwendet man Schleifen, um alle Elemente von Arrays zu durchlaufen.

```
int[] feld = {1, 3, 5, 7};

for (int i = 0; i < feld.Length; ++i)
{
  Console.WriteLine(feld[i]);
}
```

Mit der Zählvariable durchläuft man den Index. Wenn ein Feld z.B. 9 Elemente hat, beginnen die Indices bei 0 (wie immer bei Arrays) und enden mit 8 (d.h. Länge des Feldes - 1).

Es gibt in C# noch eine Spezialform von `for`-Schleifen, mit der man Arrays (und die weiteren Collections, die wir noch kennen lernen werden) durchlaufen kann.

```csharp
int[] feld = {1, 3, 5, 7};

foreach (int element in feld)
{
  Console.WriteLine(element);
}
```

Statt mit `for` wird eine solche Schleife mit `foreach` eingeleitet. Der Schleifenheader setzt sich aus den folgenden Elementen zusammen:

- dem Typ der Elemente des Arrays (im Beispiel: `int`),

- dem selbstgewählten Name der *Iterationsvariable*. Die Iterationsvariable wird bei jedem Durchlauf der Schleife mit dem entsprechenden Element des Arrays belegt (im Beispiel: `element`).

- dem Schlüsselwort `in`,

- dem Array, das durchlaufen werden soll (im Beispiel: `feld`).

Statt die Indices zu durchlaufen, wie bei der gewöhnlichen `for`-Schleife, werden hier direkt die Array-Elemente durchlaufen.

10.1.4 Mehrdimensionale Arrays

Bisher haben wir nur eindimensionale Felder gesehen. In diesem Fall kann man sich Felder als Listen vorstellen. Doch ein Feld kann eine beliebige Anzahl von Dimensionen haben. Ein zweidimensionales Array kann man sich beispielsweise als ein Tabelle bzw. Matrix vorstellen:

```
1 7 9 7 2
9 6 1 8 8
2 8 9 2 1
```

Wie legt man ein mehrdimensionales Array in C# an und wie benutzt man es? Das folgende Beispiel zeigt es.

```csharp
// Variante 1
int[,] arrayTwoDim = new int[3, 5];
arrayTwoDim[0, 0] = 1; // Zeile 0, Spalte 0
arrayTwoDim[0, 1] = 7; // Zeile 0, Spalte 1
arrayTwoDim[0, 2] = 9; // Zeile 0, Spalte 2
arrayTwoDim[0, 3] = 7; // ...
arrayTwoDim[0, 4] = 2;
arrayTwoDim[1, 0] = 9;
// ...

// Variante 2
int[,] arrayTwoDimVariante2 = new int[,]
    {{1, 7, 9, 7, 2}, {9, 6, 1, 8, 8}, {2, 8, 9, 2, 1}};
```

```
// Variante 3
int[][] arrayTwoDimVariante3 = new int[][]
{
    new int[] {1, 7, 9, 7, 2},
    new int[] {9, 6, 1, 8, 8},
    new int[] {2, 8, 9, 2, 1}
};
```

Mit allen drei Varianten wird die zuvor gezeigte Tabelle als zweidimensionales Array realisiert. Variante 1 legt über den new-Operator zunächst ein zweidimensionales Array an, das mit 0-Werten initialisiert wird. Danach wird über den []-Operator jeder Wert einzeln gesetzt.

Die zweite und dritte Variante initialisieren die Werte direkt wie gewünscht. Technisch gesehen handelt es sich um ein Array, dessen Elemente wiederum Arrays sind und ebenso wird es auch initialisiert: jede Zeile ist ein einzelnes Array. Das Hauptarray besteht also aus 3 Elementen (die die drei Zeilen der Tabelle repräsentieren) und diese 3 Elemente sind wiederum Arrays, die jeweils aus 5 Elementen (den int-Werten der jeweiligen Zeile) bestehen.

Beachten Sie, dass in Variante 2 die genauen Dimensionen des mehrdimensionalen Feldes ausschließlich aus den für die Initialisierung angegebenen Werten abgeleitet werden.

Das Konzept lässt sich beliebig auf höherdimensionale Felder fortsetzen.

10.2 Listen

Die Arrays gehören zwar zu den Bordmitteln der Programmiersprache C#, sind jedoch auch relativ unflexibel. Die Größe eines Arrays muss bereits bei der Erstellung angegeben werden. Zudem kann sie auch nicht nachträglich geändert werden. Wenn wir in einem Array nach einem bestimmten Element suchen, müssen wir alle Elemente nacheinander „durchprobieren".

Abhilfe schaffen die sogenannten *Collections*. Die Collection-Klassen der C#-Klassenbibliothek stellen weitere Datenstrukturen bereit, mit denen Gruppen von Objekten verwaltet werden können. Es gibt verschiedene Arten von Collection-Klassen, die für unterschiedliche Zwecke optimiert sind, z.B. für das schnelle finden von bestimmten Objekten oder das einfache Ändern der Größe einer solchen Datenstruktur.

Wir werden hier einige sehr gebräuchliche Collection-Klassen vorstellen. Alle von uns vorgestellten Collection-Klassen befinden sich im Namensraum System.Collections.Generic. Wenn wir diese Klassen verwenden, müssen wir den Namensraum über eine using-Direktive einbinden.

Beginnen wollen wir mit den Listen.

Listen sind in C# als generische Klassen implementiert. Das heißt, es gibt einen generischen Typ-Parameter, mit dem angegeben wird, Elemente welchen Typs die Liste speichern kann.

Wichtigster Unterschied im Vergleich zu den Arrays ist, dass Listen größenveränderlich sind. Eine neu erstellte Liste ist zunächst leer, danach kann man ohne Einschränkungen Elemente hinzufügen oder auch wieder löschen.

```
List<string> neueListe = new List<string>();

neueListe.Add("Peter");
neueListe.Add("Philip");
neueListe.Add("Joerg");

// Liste sieht folgendermassen aus:
// Peter, Philip, Joerg

neueListe.Insert(1, "Frank");
// Peter, Frank, Philip, Joerg

neueListe.RemoveAt(0);
// Frank, Philip, Joerg

neueListe.Remove("Philip");
// Frank, Joerg

neueListe.Reverse();
// Joerg, Frank

string secondElement = neueListe.ElementAt(1); // Frank
int laenge = neueListe.Count; // 2

for (int i = 0; i < neueListe.Count; ++i)
{
  Console.WriteLine(neueListe.ElementAt(i));
}

foreach (string element in neueListe)
{
  Console.WriteLine(element);
}


bool containsPetra = neueListe.Contains("Petra"); // false
int indexJoerg = neueListe.IndexOf("Frank"); // 1

neueListe.Clear(); // Liste ist nun leer
```

Das Beispiel zeigt einige der Möglichkeiten, die es im Umgang mit einer Liste gibt. Wir erstellen hier eine Liste von `strings`, diese ist zunächst leer.

Mit der Methode `Add` kann man Elemente einfügen, die jeweils am Ende der bisherigen Liste angehängt werden. Mit `Insert` können Elemente an einer bestimmten Position eingefügt werden, wobei hierbei abermals der null-basierte Index zum Einsatz kommt: `Insert(1, Objekt)` fügt das Objekt an der zweiten Position in der Liste ein. Elemente, die sich hinter der Einfügeposition befinden, werden um einen Platz nach hinten geschoben.

Mit der Methode `RemoveAt` kann ein Element an einer bestimmten Listenposition entfernt werden, mit `Remove` wird das angegebene Element entfernt. Die Liste schrumpft jeweils um eine Position, die Elemente hinter der Löschposition rutschen eine Position nach vorne.

Mit `Reverse` lässt sich eine Liste umkehren, mit `ElementAt` ein Element an der angegebenen Position zurück geben. Über die Eigenschaft `Count` kommt man an die aktuelle Anzahl von Elementen in der Liste.

Eine Liste kann man mit einer gewöhnlichen Schleife durchlaufen, indem man die Zählvariable die einzelnen Indices durchlaufen lässt. Aber auch mittels `foreach` kann auf die Listenelemente zugegriffen werden.

Mit `Contains` findet man heraus, ob ein Element sich in einer Liste befindet. Mittels `IndexOf` kann die genaue Position eines Elementes innerhalb einer Liste herausgefunden werden.

Die Methode `Clear` entfernt alle Elemente aus einer Liste.

10.3 Mengen

Der wichtigste Unterschied zwischen *Mengen* und Listen in C# ist, dass Mengen dasselbe Element nicht mehrfach aufnehmen können. Wir betrachten hier die generische Klasse `HashSet`, die für das schnelle Auffinden von Elementen optimiert ist.

Die Elemente in einer `HashSet` sind auch nicht in einer bestimmten Reihenfolge angeordnet. Wir können auf die Elemente daher nicht mit einem Index zugreifen. Wenn wir eine `HashSet` mit der `foreach`-Schleife durchlaufen, erhalten wir die Elemente in einer zufälligen Reihenfolge.

```csharp
HashSet<string> neueMenge = new HashSet<string>();

neueMenge.Add("Peter");
neueMenge.Add("Philip");
neueMenge.Add("Joerg");
// Menge sieht jetzt folgendermassen aus:
// Joerg, Peter, Philip

neueMenge.Add("Peter");
// Joerg, Peter, Philip

foreach (string element in neueMenge)
{
    Console.WriteLine(element);
}

neueMenge.Remove("Joerg");
// Peter, Philip

bool containsJoerg = neueMenge.Contains("Joerg"); // false
int size = neueMenge.Count; // 2

neueMenge.Clear(); // Menge ist nun leer
```

Da die Elemente innerhalb einer `HashSet` keine bestimmte Position einnehmen, fehlen im Vergleich zur Liste alle Zugriffsmethoden die auf einem Index operieren.

Im Beispiel fügen wir die Zeichenkette „`Peter`" zweimal in die Menge ein. Da eine Menge jedes Element nur einmal aufnehmen kann, verursacht das zweite Einfügen der Zeichenkette keine Änderung an der Menge.

Wichtigster Unterschied zur Liste: die Methode `Contains` zum Prüfen, ob ein Element in der

Menge enthalten ist, arbeitet hier sehr viel schneller als bei einer Liste. Bei nur wenigen Elementen macht sich dieser Unterschied zwar kaum bemerkbar, aber bei sehr großen Listen lässt sich durch die Verwendung von `HashSets` eine deutliche Performance-Steigerung erzielen.

Im übrigen gibt es seit .NET 4.0 mit der `SortedSet` eine weitere Datenstruktur für Mengen, die für das automatische Sortieren der Elemente optimiert ist.

10.4 Assoziative Speicher

Eine weitere wichtige Art von Collections sind *assoziative Speicher*, auch bekannt als *Mappings*. Mappings erlauben es, Objekte auf andere Objekte abzubilden. Das Prinzip gleicht dem einer mathematischen Funktion: die Funktion f(x) = $2x$ bildet z.B. die 1 auf die 2 ab, die 3 auf die 6 und die 10 auf die 20, und so weiter. Bei mathematischen Funktionen werden in der Regel Zahlen auf Zahlen abgebildet, bei einem assoziativen Speicher in C# kann man jedoch einen beliebigen Typen auf einen beliebigen anderen Typen abbilden.

Außerdem sind C#-Mappings im Gegensatz zu mathematischen Funktionen diskret: ein C#-Mapping ist eine endliche Funktion, d.h. es gibt nur eine endliche Anzahl an einzelnen *Abbildungen*.

Eine Abbildung innerhalb eines assoziativen Speichers besteht immer aus genau zwei Elementen: dem Ursprungselement und dem Zielelement. Das Ursprungselement nennt man *Schlüssel* (engl. key), das Zielelement den *Wert* (engl. value).

Zu beachten ist, dass innerhalb eines assoziativen Speichers jeder Schlüssel eindeutig ist, d.h. jeder Schlüssel kommt nur einmal vor. Werte können dagegen mehrmals verwendet werden.

Das entspricht übrigens auch dem Verhalten einer mathematischen Funktion. Bei der Funktion f(x) = $2x$ ist der Schlüssel 2 dem Wert 4 zugeordnet und nur dem Wert 4. Jeder Schlüssel ist genau einem Wert zugeordnet, aber es kann mehrere unterschiedliche Schlüssel geben, die auf denselben Wert abbilden. Zum Beispiel ist das bei der mathematischen Funktion f(x) = x^2 der Fall, dort werden die Schlüssel 2 und -2 nämlich jeweils auf den Wert 4 abgebildet.

Vereinfacht kann man einen assoziativen Speicher in C# als eine Reihe von Paaren darstellen:

(1, "Peter"), (2, "Klaus"), (10, "Friederike")

In dem Beispiel würde die 1 auf den String „Peter" abgebildet, die 2 auf den String „Klaus" und die 10 auf den String „Friederike".

In C# gibt es mehrere Klassen in der Klassenbibliothek mit der assoziative Speicher realisiert werden. Wir betrachten hier die am häufigsten verwendete Klasse, `Dictionary`. `Dictionary` ist eine generische Klasse mit zwei Typ-Parametern. Die beiden Typ-Parameter legen die Datentypen der Schlüssel und Werte fest.

Das folgende Beispiel zeigt das Anlegen und die Verwendung eines assoziativen Speichers.

```
Dictionary<int, string> neueMap = new Dictionary<int, string>();

neueMap.Add(10, "Friederike");
neueMap.Add(1, "Peter");
```

```
neueMap.Add(2, "Klaus");
// Map sieht jetzt folgendermassen aus:
// (1, "Peter"), (2, "Klaus"), (10, "Friederike")

string element = neueMap[2]; // Klaus

neueMap[10] = "Olaf";
// (1, "Peter"), (2, "Klaus"), (10, "Olaf")

neueMap.Remove(2);
// (1, "Peter"), (10, "Olaf")

foreach (int key in neueMap.Keys)
{
    string value = neueMap[key];

    Console.WriteLine(string.Format(
      "{0} wird dem String {1} zugeordnet", key, value));
}

bool containsKey = neueMap.ContainsKey(2); // false
bool containsValue = neueMap.ContainsValue("Olaf"); // true
```

Mit der Methode Add werden neue Elemente zu einem Dictionary hinzugefügt. Zu beachten ist, dass diese Methode nur mit Schlüsseln benutzt werden darf, die noch nicht im Dictionary enthalten sind. Andernfalls tritt eine Exception auf und das Programm stürzt ab.

Zugriff auf Elemente eines Dictionary erhält man mit dem Index-Operator []. Innerhalb der eckigen Klammern wird der Schlüssel des gesuchten Wertes angegeben. Den Index-Operator kann man auch verwenden, um einem Schlüssel, der bereits im Dictionary enthalten ist, einen neuen Wert zuzuweisen.

Mit der Methode Remove lässt sich der angegebene Schlüssel (und damit auch der zugehörige Wert) aus dem assoziativen Speicher entfernen.

Um alle Elemente eines Dictionary zu durchlaufen, kann man eine foreach-Schleife verwenden. Als zu durchlaufende Collection wird dabei die Eigenschaft Keys des Dictionary angegeben. Dieses enthält alle Schlüssel, mit dem Index-Operator kommt man jeweils an den entsprechenden Wert. Zu beachten ist hierbei, dass die Elemente in einem Dictionary nicht in einer bestimmten Reihenfolge gespeichert sind. Beim durchlaufen erhält man die Elemente also in einer zufälligen Reihenfolge.

Mit ContainsKey und ContainsValue enthält Dictionary zwei Methoden, mit denen man prüfen kann, ob ein bestimmter Schlüssel oder Wert in dem assoziativen Speicher enthalten ist.

Nicht gezeigt werden im Beispiel die Methode Clear und die Eigenschaft Count. Diese existieren auch in der Klasse Dictionary und können dort analog zu ihrer Verwendung bei Listen und Mengen benutzt werden.

Im übrigen gibt es auch noch eine Klasse SortedDictionary. Im Vergleich zu einem gewöhnlichen Dictionary werden die Elemente dort anhand ihrer Schlüssel sortiert gespeichert.

11 Ausnahmen

Wir hatten zuvor schon an einigen Stellen festgestellt, dass die „unsachgemäße" Anwendung von manchen Objekten oder Methoden zu sogenannten *Ausnahmen* (engl. exceptions) führen kann, was in einem Absturz des Programms mündet. Bisher hatten wir uns nicht weiter mit diesem Phänomen beschäftigt und versucht, solche „Ausnahmesituationen" nach Möglichkeit zu vermeiden.

Es gibt verschiedene Situationen, in denen eine Ausnahme auftritt. Ein sehr häufiger Auslöser für eine Ausnahme ist der Versuch, auf Attribute oder Methoden einer null-Referenz zuzugreifen.

```csharp
1  using Kapitel8Beispiele.lebewesen;
2
3  namespace Kapitel11Beispiele
4  {
5      public class Beispiel1
6      {
7          public void exceptionTest()
8          {
9              Mensch erna = null;
10             double gewicht = erna.groesse;
11         }
12     }
13 }
```

Quellcode-Datei **Beispiel1.cs**, die die Ausnahme auslöst

```csharp
1  namespace Kapitel11Beispiele
2  {
3      class Program
4      {
5          static void Main(string[] args)
6          {
7              Beispiel1 bsp1 = new Beispiel1();
8              bsp1.exceptionTest();
9          }
10     }
11 }
```

Quellcode-Datei **Program.cs** mit der Hauptfunktion des Programms

Wenn wir dieses Beispiel ausführen, bricht das Programm ab und wir erhalten die folgende Fehlermeldung:

```
Unbehandelte Ausnahme: System.NullReferenceException:
    Der Objektverweis wurde nicht auf eine Objektinstanz festgelegt.
  bei (...).Beispiel1.exceptionTest() in (...)Beispiel1.cs:Zeile 10.
  bei (...).Program.Main(String[] args) in (...)Program.cs:Zeile 8.
```

Wir werden darüber informiert, dass eine Ausnahme aufgetreten ist. Zudem wird angegeben, um welche Art von Ausnahme es sich handelt: in diesem Fall um eine sogenannte NullReferenceException. NullReferenceException bedeutet, dass versucht wurde, auf Attribute, Eigenschaften oder Methoden eines null-Objektes zuzugreifen.

Zudem wird angegeben, an welcher Stelle im Code die Ausnahme aufgetreten ist. Das geschieht über einen sogenannten *Stacktrace.* Im Beispiel sind das die beiden letzten Zeilen, die jeweils mit

„bei" beginnen. Der Stacktrace stellt einfach die Aufruf-Hierarchie dar, die zur Ausnahme geführt hat, dabei wird der Stacktrace von unten nach oben gelesen.

Der unterste Eintrag im Stacktrace ist damit der erste Eintrag. Er besagt, dass die Ausnahme irgendwo innerhalb des Methodenaufrufs geschehen ist, der in der Datei `Program.cs` in Zeile 8 innerhalb der Methode `Program.Main` getätigt wurde.

Es handelt sich also um die Zeile mit dem Aufruf `bsp1.exceptionTest()`. Tatsächlich ist die Ausnahme ja innerhalb dieses Methodenaufrufs aufgetreten.

Der nächste Eintrag im Stacktrace spezifiziert nun genauer, wo die Ausnahme aufgetreten ist. Wir befinden uns jetzt in der Methode `exceptionTest` in der Datei `Beispiel1.cs`. Dort ist die Ausnahme in Zeile 10 aufgetreten. Und in der Tat finden wir dort den Zugriff auf die Eigenschaft `groesse` einer `null`-Referenz. Damit ist der genaue Grund für das Auftreten der Ausnahme gefunden.

Wenn eine Ausnahme auftritt, gibt uns die Art der Ausnahme schon einen Hinweis darauf, was schief gelaufen ist. Weitere häufige Ausnahmen sind z.B. die `IndexOutOfRangeException` (tritt auf beim Zugriff auf einen ungültigen Index z.B. bei einem Array) und die `FormatException` (tritt auf bei einem gescheiterten Versuch, eine Zeichenkette in eine Zahl umzuwandeln).

11.1 Ausnahmen auffangen

Ausnahmen treten oft dann auf, wenn irgend eine Methode oder Operation nicht wie gewünscht ausgeführt werden konnte. Eine Ausnahme signalisiert also, das irgend etwas nicht in Ordnung ist. Wir haben dafür im vorherigen Abschnitt ein Beispiel gesehen.

Allerdings nutzt uns das erweiterte Wissen über Ausnahmen zu diesem Zeitpunkt noch nichts. Programme brechen weiterhin beim Auftreten einer Ausnahme ab. Das kann allerdings keinesfalls so erwünscht sein: der Absturz eines Programms beim Endkunden sollte unter allen Umständen vermieden werden.

Es wird also ein Mechanismus benötigt, um eine solche „Ausnahmesituation" adäquat zu behandeln. Insbesondere muss es möglich sein, dass der Programmablauf nach dem Auftreten einer Ausnahme fortgesetzt werden kann.

In C# gibt es zu diesem Zweck das `try-catch`-Konstrukt. Im `try`-Teil dieses Konstruktes gibt man einen beliebigen Code an, der eine Ausnahme auslösen **könnte**. Für den Fall, dass tatsächlich eine Ausnahme auftritt, gibt man im `catch`-Teil des Konstruktes den Code an, der die Ausnahmesituation adäquat behandelt.

Tritt also innerhalb des `try`-Blockes eine Ausnahme auf, wird die Ausführung des `try`-Blockes abgebrochen und der Code im `catch`-Block ausgeführt. Danach wird die Ausführung des Programms ganz normal hinter dem `try-catch`-Konstrukt fortgeführt. Wenn keine Ausnahme im `try`-Block auftritt, wird der Code im `catch`-Block nicht ausgeführt.

Unser einführendes Beispiel können wir wie folgt abwandeln, um die Ausnahme abzufangen und zu behandeln:

```
public void exceptionTest()
{
  try
  {
      Mensch erna = null;
      double gewicht = erna.groesse;
  } catch (NullReferenceException e)
  {
      Console.WriteLine("Achtung: Zugriff auf eine null-Referenz");
  }
}
```

Die allgemeine Syntax für das try-catch-Konstrukt lautet:

```
try
{
  <Code>...
}
catch (<ExceptionTyp> Variablenname)
{
  <Code zur Behandlung der Ausnahme>
}
```

Der Code, der die Ausnahme auslösen könnte, wird in den try-Block geschrieben. In der catch-Klausel wird zunächst angegeben, welche Art von Ausnahme abgefangen werden soll. In unserem Beispiel ist es die NullReferenceException. Exceptions werden in C# auch als Objekte dargestellt. Das heißt, wenn man eine Exception abfängt, erhält man ein Exception-Objekt, das zusätzliche Informationen über die Exception enthalten kann (z.B. den Stacktrace). Daher gibt man im Header des catch-Blockes noch einen Variablennamen an, der dann (im Fehlerfall) automatisch die Referenz auf das Exception-Objekt erhält.

Schließlich erfolgt innerhalb des catch-Blocks die Behandlung der Ausnahme. In unserem Beispiel geben wir nur eine Meldung aus, die darauf hinweist, dass hier versucht wurde, auf eine null-Referenz zuzugreifen. Das Programm bricht nun auch nicht mehr an dieser Stelle ab, sondern wird nach dem Ausführen des catch-Blockes normal fortgeführt.

Ein try-catch-Konstrukt kann übrigens auch mehrere catch-Blöcke besitzen, nämlich wenn verschiedene Arten von Ausnahmen innerhalb des Codes abgefangen werden sollen.

```
try
{
  string zahlAlsString = "789p";
  int zahlAlsZahl = int.Parse(zahlAlsString);

  Mensch erna = null;
  double gewicht = erna.groesse;
}
catch (NullReferenceException e)
{
  Console.WriteLine("Achtung: Zugriff auf eine null-Referenz");
}
catch (FormatException e1)
{
  Console.WriteLine(e1.StackTrace);
  Console.WriteLine("Fehler bei der int-Konvertierung");
```

```
}
```

In diesem Beispiel sehen wir auch, wie man das Exception-Objekt verwenden kann: über den Aufruf der Eigenschaft `StackTrace` kommen wir an den zuvor erläuterten Stacktrace der Ausnahme. Dieser liegt als Zeichenkette vor und kann daher mittels `Console.WriteLine` auf der Konsole ausgegeben werden. Wir erhalten also in diesem Fall ebenfalls die genaue Angabe, wo die Ausnahme aufgetreten ist. Allerdings bricht das Programm nicht mehr ab, da wir die Ausnahme korrekt mit einem `catch`-Handler abgefangen haben.

Im übrigen muss eine Ausnahme nicht an der Stelle aufgefangen werden, an der sie auftritt:

```
public void exceptionAuftreten()
{
  Mensch erna = null;
  double gewicht = erna.groesse;

  // .. weitere Instruktionen (1) ...
}

public void exceptionAuffangen()
{
  try
  {
     exceptionAuftreten();
  } catch (NullReferenceException e)
  {
     Console.WriteLine("Achtung: Zugriff auf null-Referenz");
  }

  // ... weitere Instruktionen (2) ...
}
```

Die Ausnahme wird hier ausgelöst durch den Code in der Methode `exceptionAuftreten`. In dieser Methode befindet sich jedoch kein `try-catch`-Konstrukt zum Auffangen der Ausnahme. Wenn das der Fall ist, wird eine Ausnahme so lange über die Aufrufhierarchie „nach oben" gereicht, bis ein entsprechender Handler gefunden wurde. Wenn auf dem Weg bis zur Spitze der Aufrufhierarchie kein Handler gefunden wird, führt dies zum Absturz des Programms.

Im Beispiel haben wir den Handler eine Ebene in der Aufrufhierarchie nach oben verschoben. Der Handler befindet sich jetzt in der Methode `exceptionAuffangen`. Innerhalb des `try`-Blocks wird die Methode `exceptionAuftreten` aufgerufen, die die Ausnahme schlussendlich auslöst.

Beim Auslösen einer Ausnahme wird die Ausführung des `try`-Blockes immer sofort abgebrochen. Im Beispiel wird die Ausführung der Methode `exceptionAuftreten` also abgebrochen, d.h. die weiteren Instruktionen (1) werden nicht mehr ausgeführt. Stattdessen wird der `catch`-Block in der Methode `exceptionAuffangen` ausgeführt und danach mit den weiteren Instruktionen (2) fortgefahren.

Wenn die Methode `exceptionAuftreten` nun noch an einer anderen Stelle verwendet würde, die jedoch keinen Handler für das Abfangen der Ausnahme bereit stellt, würde das Programm abermals abstürzen.

Ausnahmen werden durch Objekte, also Instanzen von bestimmten Klassen, repräsentiert. Daher sind die Ausnahmen auch Teil einer Klassenhierarchie. Das ist nützlich, weil man so mehrere Arten von Ausnahmen abfangen kann: gibt man im catch-Block eine Oberklasse an, dann werden auch alle Ausnahmen von Unterklassen dieser Exception abgefangen.

Fast alle Ausnahme-Klassen in C# stammen von der Basisklasse Exception ab. Wenn man im catch-Block als abzufangende Ausnahme die Klasse Exception abgibt, werden damit auf einen Schlag die allermeisten Ausnahmen abgefangen.

11.2 Selbst Exceptions auslösen

Bisher haben wir nur Ausnahmen gesehen, die automatisch von C# erzeugt werden, wenn wir z.B. ein ungeeignetes Argument verwenden oder versuchen, auf eine null-Referenz zuzugreifen. Wir können den Mechanismus der Ausnahmen aber auch selbst nutzen, um in eigenen Methoden anzuzeigen, dass eine ungewünschte Situation aufgetreten ist.

Wir könnten dazu selbst eine eigene Exception-Klasse entwerfen. Diese muss lediglich von der Oberklasse der Ausnahmen, Exception, abgeleitet werden. C# bringt jedoch bereits sehr viele Ausnahme-Typen mit, die wir in den unterschiedlichsten Situationen auch selbst verwenden können. Daher ist es meist nicht nötig, eigene Exception-Klassen zu entwerfen.

Wenn wir beispielsweise über eine Ausnahme signalisieren wollen, dass ein ungültiger Parameter verwendet wurde, bietet sich die ArgumentException an:

```
private double berechneBodyMassIndex(int groesseZentimeter,
                                     double gewicht)
{
  if (groesseZentimeter <= 0)
    throw new ArgumentException("Groesse muss > als 0 sein.");
  if (gewicht <= 0)
    throw new ArgumentException("Gewicht muss > als 0 sein");

  double groesseMeter = groesseZentimeter / 100.0;
  return gewicht / (groesseMeter * groesseMeter);
}

public void beispielBerechnung()
{
  try
  {
    double bmi = berechneBodyMassIndex(190, 0);
  }
  catch (ArgumentException e)
  {
    Console.WriteLine(e.Message);
  }
}
```

Die Methode berechneBodyMassIndex berechnet den Body-Mass-Index nach der bekannten Formel gewicht / größe^2. Natürlich macht die Berechnung nur Sinn, wenn beide Werte positiv sind. Daher wird innerhalb der Methode geprüft, ob diese Voraussetzungen erfüllt sind.

Trifft eine der Voraussetzungen nicht zu, wird eine ArgumentException ausgelöst. Das erfolgt über das Schlüsselwort `throw`. Hinter `throw` wird das Exception-Objekt angegeben, das "gewor-fen" werden soll. In unserem Fall erzeugen wir jeweils ein neues Objekt. Die `ArgumentException`-Klasse bietet die Möglichkeit, über den Konstruktor eine Meldung anzugeben, die nähere Hinweise darauf gibt, was genau schief gelaufen ist.

In der Methode `beispielBerechnung` wird die Methode `berechneBodyMassIndex` dann auf-gerufen wird. Dort ist auch der Ausnahme-Handler integriert. Der Handler erhält im Fall einer Ausnahme das `ArgumentException`-Objekt, das wir konstruiert haben. Über die Eigenschaft `Message` können wir auf die Meldung, die wir im `ArgumentException`-Objekt gespeichert ha-ben, wieder zugreifen. Unser Handler macht also nichts anderes, als die entsprechende Meldung auf der Konsole auszugeben, damit der Benutzer weiß, warum die Berechnung nicht geklappt hat.

12 Weitere Features von C#

Wir kennen jetzt die wichtigsten Grundelemente der Programmiersprache C#. Zusätzlich gibt es noch einige weitere Konstrukte und Features, die wir zur Erstellung von Programmen verwenden können.

In diesem Kapitel werden wir weitere Eigenschaften der Sprache kurz vorstellen, ohne zu sehr ins Detail zu gehen. Die hier gezeigten Konzepte können sehr nützlich sein, werden aber gerade von Einsteigern in die Sprache eher selten gebraucht.

12.1 Delegate

Wir haben gesehen, dass wir in Variablen von Referenz-Typen Verweise auf Objekte speichern können. Mit *Delegaten*[10] können sogar Verweise auf Methoden in Variablen gespeichert werden.

Analog zu gewöhnlichen Datentypen legt ein *Delegat-Typ* fest, welche Methoden in einer *Delegat-Instanz* gespeichert werden können. Ein Delegat-Typ wird definiert wie eine abstrakte Methode, wobei statt dem Schlüsselwort `abstract` das Schlüsselwort `delegate` verwendet wird:

```
public delegate int IntTransform(int x);
```

Mit der gezeigten Deklaration wird ein Delegat-Typ `IntTransform` erstellt. Instanzen dieses Delegats können nun Methoden speichern, die einen `int`-Wert als Parameter annehmen und einen `int`-Wert zurückgeben.

Das folgende Beispiel zeigt, wie dieser Delegat-Typ verwendet werden kann:

```csharp
public class DelegateBeispiel
{
  public int verdopple(int x)
  {
    return 2 * x;
  }

  public int quadriere(int x)
  {
    return x * x;
  }

  public int verwendeDelegate(IntTransform myDelegate, int x)
  {
    return myDelegate(x);
  }

  public void benutzeDelegates()
  {
    IntTransform delegateVerdopple = verdopple;
    IntTransform delegateQuadriere = quadriere;

    int x = delegateVerdopple(5); // 10
```

---

[10]In anderen Programmiersprachen wie C sind Delegate als Funktionszeiger bekannt.

```
      int y = delegateQuadriere(5);  // 25
      int z = verwendeDelegate(verdopple, 10);  // 20
   }
}
```

Variablen von Delegat-Typen werden genauso angelegt wie gewöhnliche Variablen: zunächst wird der gewünschte Delegat-Typ angegeben, danach der selbst gewählte Name. Bei der Zuweisung wird die Methode angegeben, auf die die Delegat-Instanz verweisen soll (im Beispiel sind dies die Methoden verdopple und quadriere).

Die Delegat-Instanzen können nun verwendet werden wie Methoden.

Die Methode verwendeDelegate im Beispiel zeigt zudem, dass Delegate auch als Parameter von Methoden verwendet werden können.

12.2 Events

Eine nützliche Anwendung von Delegaten sind die sogenannten *Events*. Events ermöglichen es einer Klasse, interessierte Beobachter zu benachrichtigen, wenn bestimmte Situationen eingetreten sind.

Stellen Sie sich zum Beispiel vor, Sie haben ein Objekt O_1, das eine aufwändige Berechnung durchführt, die längere Zeit in Anspruch nimmt. Daneben gibt es andere Objekte O_2 bis O_n, die das Ergebnis der Berechnung benötigen und weiter verarbeiten. Diese anderen Objekte möchten benachrichtigt werden, wenn die Berechnung von O_1 abgeschlossen ist.

Dies lässt sich mit Hilfe von Events lösen. Das Objekt O_1 gibt zunächst an, dass es ein Event BerechnungAbgeschlossen auslösen wird, sobald es seine Berechnung beendet hat. Die Objekte O_2 bis O_n können sich nun für dieses Event registrieren. Sie erhalten dann eine Benachrichtigung, sobald das Event tatsächlich von O_1 ausgelöst wird.

Wir schauen uns zunächst den Code der Klasse EventEmitter an. Das Objekt O_1 wäre demnach eine Instanz von EventEmitter.

```
public class EventEmitter
{
  public event EventHandler BerechnungAbgeschlossen;

  private void OnBerechnungAbgeschlossen()
  {
    if (BerechnungAbgeschlossen != null)
      BerechnungAbgeschlossen(this, EventArgs.Empty);
  }

  public void fuehreBerechnungDurch()
  {
    // ... Aufwaendige Berechnung ...

    OnBerechnungAbgeschlossen();
  }
}
```

Ein Event wird zunächst deklariert durch

```
public event EventHandler <Name_des_Events>;
```

Danach erstellen wir eine private Methode `OnBerechnungAbgeschlossen`, mit der das Event ausgelöst werden kann. In dieser wird zunächst geprüft, ob das Event `null` ist. Ist das nicht der Fall, wird das Event ausgelöst. Dabei werden dem Event zwei Parameter übergeben:

- Der erste Parameter gibt an, welches Objekt das Event ausgelöst hat. Demnach verwenden wir hier die Referenz `this`, die auf das eigene Objekt verweist.

- Mit dem zweiten Parameter können bei Bedarf noch weitere Informationen an die Empfänger übergeben werden. Da wir dies im Beispiel nicht benötigen, verwenden wir den vordefinierten Wert `EventArgs.Empty`.

In der Methode `fuehreBerechnungDurch` rufen wir am Ende die Methode `OnBerechnungAbgeschlossen` auf, um das Ereignis auszulösen.

Bis jetzt haben wir eine Klasse, die eine Berechnung durchführt und danach ein Event auslöst, um zu signalisieren, dass die Berechnung abgeschlossen ist. Jetzt schauen wir uns noch an, wie andere Klassen sich für ein Event registrieren können und eine Benachrichtigung erhalten, wenn es ausgelöst wird:

```
public class EventListener
{
  private void myEventHandler(object sender, EventArgs eventArgs)
  {
    Console.WriteLine("Das Event wurde empfangen");
  }

  public void registerForEvent(EventEmitter emitter)
  {
    emitter.BerechnungAbgeschlossen += myEventHandler;
  }
}
```

Die Klasse `EventListener` soll das Event, das die Klasse `EventEmitter` aussendet, empfangen und darauf reagieren.

Zunächst erzeugen wir eine Methode `myEventHandler`, die später automatisch ausgeführt werden soll, wenn das Event eintritt. Die Methode erhält die beiden Argumente, die beim Auslösen des Events in der Klasse `EventEmitter` an das Event `BerechnungAbgeschlossen` übergeben wurden: zum einen den Sender des Events (da es sich um ein beliebiges Objekt handeln kann, wird der Basistyp `object` verwendet) sowie die zusätzlichen Informationen (die vom Typ `EventArgs` sind).

In unserem Beispiel benötigen wir jedoch keines der beiden gelieferten Argumente. Wir geben in der Handler-Methode lediglich eine Mitteilung auf der Konsole aus.

Nun haben wir die Benachrichtigungs-Methode erstellt, sie jedoch noch nicht mit dem Event verknüpft. Dies machen wir in der Methode `registerForEvent`. Wir haben ein Objekt des Typs `EventEmitter`, für dessen Event `BerechnungAbgeschlossen` wir uns registrieren wollen. Dies geschieht mit dem Operator +=. Damit verknüpfen wir das Event (`BerechnungAbgeschlossen`) mit dem Handler (`myEventHandler`), der ausgeführt werden soll, wenn das Event auftritt. Nun wird die Handler-Methode `myEventHandler` immer dann ausgeführt, wenn das Objekt `emitter` das Event `BerechnungAbgeschlossen` auslöst.

Das folgende Beispiel zeigt, wie die zuvor geschaffenen Klassen miteinander interagieren:

```
EventEmitter o1 = new EventEmitter();

EventListener o2 = new EventListener();
EventListener o3 = new EventListener();

o2.registerForEvent(o1);
o3.registerForEvent(o1);

o1.fuehreBerechnungDurch();
```

Zunächst werden die Objekte O_1, O_2 und O_3 angelegt. Danach registrieren sich sowohl O_2 als auch O_3 für das `BerechnungAbgeschlossen`-Event von O_1. Nun wird auf O_1 die Berechnung durchgeführt. Nachdem die Berechnung durchgeführt wurde, werden automatisch die Objekte O_2 und O_3 benachrichtigt und jeweils deren Handler-Methode `myEventHandler` ausgeführt.

12.3 Lambda-Ausdrücke

Einer Delegat-Variable können wir wie in Abschnitt 12.1 gesehen eine zuvor definierte Methode zuweisen. Stattdessen können wir aber auch eine Methode ohne Namen verwenden, die wir an Ort und Stelle definieren. Eine solche Methode nennen wir *Lambda-Ausdruck*.

Wir betrachten nochmal unseren Delegat-Typ `IntTransform`.

```
public delegate int IntTransform(int x);
```

Eine Variable vom Typ `IntTransform` können wir auch an Ort und Stelle mit einem Lambda-Ausdruck belegen:

```
IntTransform myDelegate = x => x * x;
int y = myDelegate(10); // 100
```

Ein Lambda-Ausdruck hat die folgende Form:

```
(Parameter) => <Ausdruck>
```

Wenn die Typen der Parameter aus dem Kontext geschlossen werden können (wie das im Beispiel mit `int` der Fall ist), brauchen die Parametertypen im Lambda-Ausdruck nicht angegeben werden. Andernfalls müssen die Parametertypen wie bei einer gewöhnlichen Methodendeklaration angegeben werden. Haben wir nur einen einzelnen Parameter, dessen Typ automatisch abgeleitet werden kann, können wir die Klammern um die Parameterliste (wie im Beispiel) weglassen.

Der `<Ausdruck>` ist ein beliebiger Ausdruck, mit dem der Rückgabewert des Lambda-Ausdrucks berechnet wird. Statt einem einzelnen Ausdruck können wir auch einen von geschweiften Klammern begrenzten Anweisungsblock angeben. In diesem Fall müssen wir das Schlüsselwort `return` für das Zurückgeben des Rückgabewertes verwenden:

```
IntTransform myDelegate2 =
  x => {Console.WriteLine("Ich bin ein Lambda-Ausdruck"); return x*x; };
```

C# stellt übrigens im Namensraum `System` einige generische Delegat-Typen bereit, mit denen wir ohne das explizite Anlegen von eigenen Delegat-Typen nützliche Lambda-Ausdrücke erstellen können:

```
Func<int, int> myIntDelegate3 = x => x + 2;
```

Der Delegat-Typ `Func<int, int>` ist demnach identisch zu unserem selbst-definierten Delegat-Typ `IntTransform`. Der generische Delegat-Typ `Func` ist jedoch viel flexibler, weil wir damit auch andere Delegat-Typen leicht erstellen können. `Func<long, string>` wäre beispielsweise ein Delegat-Typ, der einen `long`-Parameter erhält und einen `string` als Ergebnis liefert.

Aber auch Delegate mit mehreren Parametern können damit erstellt werden: `Func<int, string, int>` wäre ein Delegat-Typ, der einen `int`-Wert und einen `string` als Parameter erhält und einen `int`-Wert als Ergebnis zurück liefert. Auf diese Weise können Delegat-Typen mit bis zu 4 frei wählbaren Parameter-Typen erstellt werden.

12.4 LINQ

LINQ steht für *Language Integrated Query*. Hinter diesem etwas sperrigen Begriff verbergen sich einige sehr nützliche Erweiterungen für die Nutzung von Collections. Wir werden hier beispielhaft einige LINQ-Features betrachten. Um LINQ-Operationen verwenden zu können, muss der Namensraum `System.Linq` in die Quelldatei eingebunden werden.

Zum einen lassen sich mit LINQ sehr einfach Transformationen und Veränderungen an Collections durchführen. (Wir werden im folgenden von Sequenzen anstatt von Collections sprechen.) LINQ lässt sich mit allen Typen verwenden, die die Schnittstelle `IEnumerable<T>` implementieren. Das ist eine in C# integrierte Schnittstelle, die Typen umfasst, die sich durchzählen lassen (also z.B. Arrays oder Listen). Wenn mit einer LINQ-Operation eine Transformation durchgeführt wurde, bleibt das ursprüngliche Objekt unverändert und die LINQ-Operation liefert die resultierende Sequenz als ein neues `IEnumerable<T>`-Objekt. Um ein `IEnumerable<T>`-Objekt wieder in ein Array umzuwandeln, können wir darauf die Methode `ToArray` aufrufen.

Wir betrachten in unseren Beispiel immer den einfachsten Fall einer Sequenz, nämlich ein Array.

```
string[] namen = {"Daniel", "Stefan", "Josefine"};
```

Mit der LINQ-Methode `Select` lässt sich eine Sequenz so transformieren, dass auf jedes einzelne Element eine Transformation angewendet wird. Die gewünschte Transformation wird dabei in Form eines Delegats angegeben. Für eine Sequenz aus `strings` soll der Delegat-Typ einen Parameter vom Typ `string` erhalten und z.B. einen `string` zurück geben. Üblicherweise verwendet man hier Lambda-Ausdrücke, um die gewünschte Transformation direkt an Ort und Stelle angeben zu können.

```
string[] namenTransformed =
  namen.Select(nme => string.Format("Hallo {0}", nme)).ToArray();
```

Hier wird auf jedes Element im Array der Lambda-Ausdruck
nme => string.Format("Hallo {0}", nme) angewendet. Aus der Zeichenkette „Daniel"
wird so „Hallo Daniel", aus der Zeichenkette „Stefan" wird „Hallo Stefan", und so weiter.
Durch den anschließenden Aufruf von ToArray wird die transformierte Sequenz wieder in ein Array
konvertiert. Das Array namenTransformed sieht nach Abschluss der Operationen so aus:

```
{"Hallo Daniel", "Hallo Stefan", "Hallo Josefine"}
```

Mit der Select-Methode kann sogar der Element-Typ des Arrays geändert werden. In diesem Fall
verwendet man einfach einen Lambda-Ausdruck, der als Rückgabewert den gewünschten Element-
Typ verwendet.

```
int[] namenToInt = namen.Select(nme => nme.Length).ToArray();
```

Hier erzeugen wir aus dem string-Array ein Array von int-Werten. Die jeweiligen Zeichenketten
werden im neuen Array durch ihre Länge ersetzt. Das Array namenToInt sieht nach Abschluss
der Operation so aus:

```
{6, 6, 8}
```

Mit der LINQ-Methode Where können Sequenzen gefiltert werden. Für jedes Element wird eine
Bedingung geprüft. Nur die Elemente, die die Bedingung erfüllen, schaffen es in die transformierte
Sequenz. Die Bedingung wird mit Hilfe eines Delegates bzw. Lambda-Ausdrucks (string =>
bool) angegeben.

```
string[] namenGefiltert = namen.Where(nme => nme.Contains("i")).ToArray();
```

Im Beispiel werden nur die Zeichenketten übernommen, die ein kleines „i" enthalten. Das Array
namenGefiltert sieht demnach nach Ende der Operation folgendermaßen aus:

```
{"Daniel", "Josefine"}
```

Da die LINQ-Operationen auf IEnumerable<T>-Objekten operieren und die Transformationsoperationen jeweils wieder ein IEnumerable<T>-Objekt liefern, kann man auch mehrere LINQ-
Operationen kombinieren.

```
string[] namenGefiltertUndTransformiert =
  namen.Where(nme => nme.Contains("i"))
      .Select(nme => string.Format("Hallo {0}", nme)).ToArray();
```

Hier wird zunächst der Filter angewendet und die verbleibenden Elemente danach noch transformiert. Das Array namenGefiltertUndTransformiert sieht nach Ende der Operationen
folgendermaßen aus:

```
{"Hallo Daniel", "Hallo Josefine"}
```

Neben diesen (und weiteren) Transformationsoperationen besitzt LINQ auch sehr viele Analyse-Funktionen, um bestimmte Eigenschaften einer Sequenz zu prüfen. Zum Beispiel kann man herausfinden, ob alle Elemente eine Bedingung erfüllen (Methode `All`), ob mindestens ein Element eine Bedingung erfüllt (Methode `Any`) oder wie viele Elemente eine Bedingung erfüllen (Methode `Count`). Zur Angabe der zu prüfenden Bedingung wird jeweils ein Delegat / Lambda-Ausdruck (`string => bool`) verwendet.

```
bool alle = namen.All(nme => nme.Contains("i")); // false
bool mindestensEins = namen.Any(nme => nme.Contains("i")); // true
int anzahl = namen.Count(nme => nme.Contains("i")); // 2
```

Mit den Aggregationsoperationen `Min`, `Max`, `Average` und `Sum` lassen sich Elemente einer Sequenz aggregieren. Hierbei wird wieder ein Delegat / Lambda-Ausdruck verwendet, der den Element-Typ in einen numerischen Typen transformiert (im Beispiel also z.B. `string => int`).

```
int min = namen.Min(nme => nme.Length); // 6
int max = namen.Max(nme => nme.Length); // 8
double avg = namen.Average(nme => nme.Length); // 6,6666...
int sum = namen.Sum(nme => nme.Length); // 20
```

Im Beispiel wird die Länge der kürzesten Zeichenkette bestimmt (6), die Länge der längsten Zeichenkette (8), die durchschnittliche Länge aller Zeichenketten (6,6666...) sowie die Summe der Längen von allen enthaltenen Zeichenketten (20).

Neben den gezeigten LINQ-Operationen gibt es noch sehr viele weitere, z.B. zum Sortieren nach einer vorgegebenen Ordnung oder zum Verketten von mehreren Sequenzen. Eine vollständige Auflistung aller LINQ-Funktionalitäten finden Sie in der offiziellen Referenz[11].

---

[11]https://msdn.microsoft.com/en-us/library/bb738550.aspx

13 Die Klassenbibliothek von C#

Mittlerweile kennen wir bereits viele der grundlegenden Konzepte von C#. Damit können wir nun erste eigene, sinnvolle Programme erstellen. Zusätzlich besitzt C# jedoch eine sogenannte *Klassenbibliothek*. In ihr sind unterschiedlichste Klassen mit sehr nützlichen Funktionalitäten enthalten.

Die Klassen der Klassenbibliothek decken z.B. Funktionalitäten für das Erstellen von grafischen Oberflächen, dem Handling von Dateien sowie Zugriffe auf Netzwerke ab. Die Collections haben wir bereits kennen gelernt. Wegen der großen Wichtigkeit dieser Klassen haben wir Ihnen ein ganzes Kapitel gewidmet.

In diesem Kapitel machen wir uns mit den Klassen zur Realisierung von Nebenläufigkeit sowie denen für Zugriffe auf Netzwerke vertraut.

13.1 Nebenläufigkeit

Bisher haben wir nur rein sequentielle Programme gesehen: ein Programm startet mit der ersten Anweisung des Hauptprogramms und arbeitet nacheinander alle Anweisungen ab. Wenn die letzte Anweisung abgeschlossen wurde, wird das Programm automatisch beendet.

In einigen Fällen kann es aber sinnvoll sein, verschiedene Tätigkeiten nebeneinander, d.h. gleichzeitig, zu erledigen. Man spricht dann von *Nebenläufigkeit*.

Traditionelle Computersysteme ermöglichen im übrigen keine *echte* Nebenläufigkeit. Wenn ein Computer nur einen Prozessor besitzt, kann der Prozessor immer genau eine Aufgabe zur selben Zeit erledigen.

Nebenläufigkeit wird in diesen Fällen nur simuliert: angenommen, wir haben zwei Ausführungsstränge (d.h. zwei Listen von Instruktionen), die gleichzeitig ausgeführt werden sollen. Dann wird z.B. abwechselnd immer eine Instruktion aus jedem Ausführungsstrang ausgeführt. Wegen der hohen Geschwindigkeit, in der die Anweisungen auf einem Prozessor ausgeführt werden, entsteht der Anschein, dass die Aufgaben gleichzeitig ausgeführt werden.

Bei modernen Mehrkern-Prozessoren ist dagegen auch eine echte Gleichzeitigkeit möglich. Für uns soll das aber nicht weiter von Interesse sein, ob zwei Aufgaben nun gleichzeitig oder lediglich quasi-gleichzeitig ausgeführt werden.

In der Informatik nennt man einen nebenläufigen Ausführungsstrang innerhalb eines Programms einen *Thread*. Auf den heutigen Computersystemen können auch mehrere Programme gleichzeitig laufen, diese nennt man *Prozessen* bzw. *Tasks*. Man spricht dementsprechend von *Multi-Tasking* und *Multi-Threading*. In diesem Kapitel reden wir über Nebenläufigkeit innerhalb eines einzelnen Programmes, also über Multi-Threading.

Nebenläufigkeit macht z.B. Sinn im Zusammenhang mit grafischen Oberflächen. Wenn eine aufwändige Operation nach einem Klick auf eine Schaltfläche ausgeführt werden soll, würde man diese in einen separaten Thread auslagern. So wird sichergestellt, dass die Oberfläche während der Berechnung nicht einfriert, sondern weiter bedienbar ist.

Auch Operationen im Zusammenhang mit Netzwerkverbindungen lagert man oft in den Hintergrund aus. Bei der Benutzung von Netzwerken entstehen nämlich Wartezeiten, in denen das Programm natürlich nicht still stehen soll.

13.1.1 Threads in C# erstellen

Wenn wir ein Programm normal starten, wird der sogenannte Hauptthread automatisch erstellt und alle Anweisungen werden innerhalb des Hauptthreads ausgeführt. Um parallele Ausführungsstränge zu erzeugen, können wir eine beliebige Anzahl von zusätzlichen Threads erzeugen.

Zu diesem Zweck gibt es in C# die Klasse `Thread` im Namensraum `System.Threading`. Der Konstruktor der Klasse `Thread` akzeptiert ein Delegat (d.h. einen Verweis auf eine Methode). Die übergebene Methode wird nach dem Starten des Threads nebenläufig (d.h. gleichzeitig oder quasi-gleichzeitig zum weiteren Ablauf des Hauptthreads) ausgeführt.

Als Delegat-Instanz können wir entweder eine Methode einer Klasseninstanz oder einen Lambda-Ausdruck verwenden. Das folgende Beispiel zeigt beide Möglichkeiten.

```csharp
public void threadBeispiel()
{
  Thread t1 = new Thread(nebenlaeufigeMethode);
  Thread t2 = new Thread(() =>
  {
    // Thread mit Lambda-Ausdruck
    for (int i = 0; i < 1000; ++i)
      Console.Write("L");
  });

  t1.Start();
  t2.Start();

  for (int i = 0; i < 1000; ++i)
    Console.Write("M");
}

private void nebenlaeufigeMethode()
{
  for (int i = 0; i < 1000; ++i)
    Console.Write("N");
}
```

Der `Thread`-Konstruktor akzeptiert ein Delegat ohne Parameter und ohne Rückgabewert. Für den Thread `t1` verwenden wir die Methode `nebenlaeufigeMethode`. Für den Thread `t2` verwenden wir einen Lambda-Ausdruck, über den wir den nebenläufig auszuführenden Code direkt an Ort und Stelle angeben.

Durch das Anlegen der `Thread`-Objekte wird die nebenläufige Ausführung nicht automatisch gestartet. Erst durch den Aufruf der `Start`-Methode wird ein Thread gestartet. Nachdem die als Delegat übergebene Methode ausgeführt wurde, wird der Thread automatisch beendet und kann auch nicht wieder reaktiviert werden.

Im Beispiel werden in den beiden neu gestarteten Threads jeweils 1000 mal die Buchstaben `L` und `N` auf der Konsole ausgegeben. Im Hauptthread wird dagegen 1000 mal der Buchstabe `M` ausgegeben.

Da nun alle 3 Threads gleichzeitig ausgeführt werden, erhalten wir nach dem Start des Programms eine wahllose Abfolge der Buchstaben L, M und N auf der Konsole.

Wenn man Daten an einen Thread übergeben möchte, kann man dem Thread-Konstruktor alternativ ein Delegat übergeben, das einen Parameter vom Typ object besitzt. Der Methode Start übergibt man dann das tatsächliche Objekt, das man an den Thread weiter reichen möchte.

```csharp
public void threadBeispielMitDatenuebergabe()
{
  Thread t1 = new Thread(threadMitDatenuebergabe);
  Thread t2 = new Thread(threadMitDatenuebergabe);

  t1.Start("a");
  t2.Start("b");
}

private void threadMitDatenuebergabe(object data)
{
  if (data is string)
  {
    string dataAsString = data as string;

    for (int i = 0; i < 1000; ++i)
      Console.Write(dataAsString);
  }
}
```

Das Beispiel zeigt, dass nun jeweils eine Methode mit einem object-Parameter an den Thread-Konstruktor übergeben wird. Beim Start eines Threads wird dann das als Argument für die Methode zu nutzende Objekt an die Start-Methode übergeben. Bei der nebenläufigen Ausführung der Methode threadMitDatenuebergabe wird das jeweilige Objekt dann verwendet.

Da das Objekt als allgemeines object übergeben wird, muss vor der Nutzung noch eine explizite Typumwandlung vorgenommen werden.

13.1.2 Synchronisation

Bei der nebenläufigen Programmierung kann ein neues Problem auftreten, das aus der rein sequentiellen Programmierung unbekannt ist. Denn was passiert, wenn zwei oder mehrere Threads gleichzeitig oder quasi-gleichzeitig auf dieselben Daten zugreifen?

So lange die Daten nur gelesen werden, ist das kein Problem. Doch spätestens wenn von mehreren Threads aus auf derselben Datenvariable Schreiboperationen durchgeführt werden, kann es zu Problemen kommen. Wir demonstrieren das an einem einfachen Beispiel eines Zählers. Wir implementieren eine Methode, die einfach zählt, wie oft sie aufgerufen wurde. Diese Methode rufen wir dann mehrmals aus verschiedenen Threads auf.

```csharp
public class CounterTest1
{
  private int counter;

  public CounterTest1()
  {
    counter = 0;
```

```
    }

  public void testCounter()
  {
    for (int i = 0; i < 10; ++i)
    {
      Thread t = new Thread(() =>
      {
        for (int j = 0; j < 1000000; ++j)
        {
          incrementCount();
        }
        Console.WriteLine(counter);
      });

      t.Start();
    };
  }

  private void incrementCount()
  {
    counter = counter + 1;
  }
}
```

Die Klasse CounterTest1 besitzt eine Methode incrementCount() die bei jedem Aufruf das Zählerattribut um 1 vergrößert. In der Methode testCounter legen wir jetzt mit Hilfe einer for-Schleife 10 Threads an. Innerhalb eines jeden Threads definieren wir wiederum eine for-Schleife, die 1.000.000 mal die Zählmethode incrementCount() aufruft.

Wir haben 10 Threads, die jeweils 1.000.000 mal den Zähler inkrementieren: am Schluss sollte die Zählervariable 10.000.000 (10 Millionen) betragen. Um das zu überprüfen, lassen wir jeweils am Ende eines Threads den Wert der Zählervariablen ausgeben: wir erhalten dann zwar 10 Ausgaben (eine für jeden Thread), von Interesse ist für uns aber nur die letzte Ausgabe, da sie uns den Endwert des Zählers angibt.

Nun führen wir das Programm aus und erhalten dabei ein überraschendes Ergebnis:

```
1360368
1927823
2205628
2884914
3159935
3915509
2938927
4161397
4652768
4774301
```

Wenn wir das Programm nochmal ausführen, erhalten wir ein anderes Ergebnis, das jedoch immer noch nicht dem erwarteten entspricht. Im Wesentlichen erhalten wir bei jedem Ausführen des Programmes ein anderes Ergebnis. Wenn Sie das Beispiel auf ihrem eigenen Rechner durchführen, erhalten Sie vermutlich auch andere Ergebnisse, meistens aber nicht das erwartete Ergebnis, bei dem 10.000.000 in der letzten Zeile steht.

Obwohl wir die Zählmethode also 10 Millionen mal aufgerufen haben, enthält die Zählvariable immer einen kleineren Wert und sogar bei verschiedenen Ausführungen unterschiedliche Werte. Wie kann das sein? Hierbei kommt das Problem des gleichzeitigen Schreibzugriffs auf dieselbe Datenvariable zum tragen.

Wir gehen das jetzt Schritt für Schritt durch. Zu Beginn hat die Zählvariable den Wert 0. Nun wird die Zählmethode exakt gleichzeitig in 2 Threads ausgeführt. Was passiert dann?

In Thread 1 wird die Zählervariable ausgelesen, der Wert beträgt 0. Gleichzeitig wird der Wert aber auch im Thread 2 ausgelesen: auch hier wird die 0 gelesen. Nun wird der Wert in Thread 1 um 1 erhöht, sodass 1 berechnet wird und in die Zählvariable geschrieben wird. In Thread 2 wurde der Wert aber schon als 0 gelesen, daher wird auch dort die 1 als neuer Wert gelesen und in die Variable geschrieben.

Es haben nun also zwei Threads die Zählmethode aufgerufen, trotzdem beträgt die Zählvariable nur 1. Das ist deshalb so, weil beide Threads die Variable zur selben Zeit ausgelesen haben, unabhängig voneinander die Variable um 1 erhöht haben und dann den Wert wieder geschrieben haben. Da zur selben Zeit die Variable ausgelesen wurde, wurde von beiden Threads derselbe Wert gelesen und die gleiche Berechnung durchgeführt.

Um das Problem zu vermeiden, müssten wir also sicherstellen, dass immer nur ein Thread gleichzeitig auf die Variable zugreifen kann. Wenn Thread 1 die Variable ausgelesen hat, muss Thread 2 so lange warten, bis Thread 1 auch die geänderte Variable wieder geschrieben hat. Danach erst darf Thread 2 den geänderten Wert auslesen und kann dann seinerseits den Wert wieder verändern.

In C# gibt es dafür die Möglichkeit, *kritische Abschnitte* zu markieren, die jeweils nur von einem Thread gleichzeitig betreten werden dürfen. Sie können sich das vorstellen wie zwei Bahnlinien, die sich kreuzen: diese Kreuzung ist der kritische Abschnitt und es darf sich immer jeweils nur 1 Zug innerhalb dieses kritischen Abschnittes befinden. Wenn ein zweiter Zug an diesen kritischen Abschnitt gelangt, während sich der erste Zug noch innerhalb des Abschnittes befindet, muss der zweite Zug warten, bis der erste Zug den kritischen Abschnitt komplett verlassen hat.

Ebenso ist es auch mit den Threads in C#: ist ein kritischer Abschnitt von einem Thread belegt und möchte ein anderer Thread diesen Abschnitt betreten, muss er warten, bis der erste Thread den kritischen Abschnitt verlassen hat. Man nennt dieses Verhalten *Synchronisation*.

Es gibt in C# mehrere Möglichkeiten, die Synchronisation zu realisieren, wir stellen hier die einfachste davon vor. Mit dem Schlüsselwort `lock` wird ein Abschnitt als kritischer Bereich markiert. Das `lock`-Konstrukt wird allgemein nach folgender Sytnax verwendet:

```
lock (LockObjekt)
{
  Anweisungen ...
}
```

Nach dem Header des `lock`-Konstruktes folgt ein von geschweiften Klammern umschlossener Codeblock. Dieser ist der kritische Abschnitt. Doch was ist das `LockObjekt`?

Um zu prüfen, ob ein kritischer Abschnitt gerade frei oder belegt ist, wird ein (beliebiges) Objekt verwendet. Sobald ein Thread einen kritischen Abschnitt eines Lock-Objektes betreten hat, wird dieses Objekt für weitere Zugriffe gesperrt. Wenn nun andere Threads am gleichen kritischen Abschnitt eintreffen, müssen sie warten, bis das Lock-Objekt wieder entsperrt wird. Das Lock-Objekt wird entsperrt, wenn ein Thread den kritischen Abschnitt verlässt.

Wir können dasselbe Lock-Objekt auch für mehrere kritische Abschnitte verwenden. Dann kann sich immer maximal ein Thread in irgend einem vom selben Lock-Objekt markierten kritischen Abschnitt befinden.

Als Lock-Objekt können wir prinzipiell jedes beliebige Objekt verwenden. Sinnvollerweise achten wir darauf, dass von außerhalb der Klasse, die das Objekt benutzt, kein Zugriff darauf besteht. Üblicherweise erstellt man deshalb ein privates Attribut vom Basistyp object, das man dann als Lock-Objekt verwenden kann.

In unserer Klasse CounterTest1 müssen wir also zunächst ein Lock-Objekt anlegen und dann damit das Inkrementieren der Zählvariable in der Methode incrementCount als kritischen Abschnitt markieren.

```csharp
public class CounterTest2
{
  private object myLock = new object();

  ...

  private void incrementCount()
  {
    lock (myLock)
    {
      counter = counter + 1;
    }
  }
}
```

Jetzt ist der kritische Abschnitt geschützt und es kann sich immer maximal ein Thread innerhalb dieses Abschnittes befinden. Wenn wir nun das Programm ausführen, erhalten wir das erwartete Ergebnis, bei dem der Wert von 10 Millionen als letzter Wert angezeigt wird. Auch beim erneuten Ausführen erhalten wir immer wieder das korrekte Ergebnis.

Es gibt in C# noch weitere Möglichkeiten, um kritische Bereiche zu markieren. Diese geben dem Programmierer mehr Detailkontrolle darüber, wie synchronisiert wird. Dafür verweisen wir aber auf die weiterführenden Webtipps. Ebenso finden Sie dort auch Informationen dazu, welche Probleme durch das Verwenden von kritischen Abschnitten entstehen können und wie man diese vermeidet.

13.2 Netzwerkprogrammierung

Im aktuellen Jahrtausend ist das Internet nicht nur sehr populär geworden, sondern ein nahezu unverzichtbarer Teil des täglichen Lebens. Vermutlich selten zuvor hat eine Erfindung das Leben der Menschen in so kurzer Zeit so drastisch revolutioniert.

Daher spielt auch die Netzwerkverbindung eines Computers eine immer größere Rolle. Wer heute einen neuen Rechner kauft, erhält fast nie einen Computer mit Diskettenlaufwerk, selbst CD- oder DVD-Laufwerke sind mittlerweile nicht mehr in allen Modellen enthalten. Ein schneller Netzwerkanschluss sowie eine WLAN-Funktion fehlt aber an keinem heute verkauften Computer mehr.

Oft benutzen wir die Netzwerkverbindung unseres Rechners im Zusammenhang mit einem Browser wie Mozilla Firefox oder Google Chrome, um uns Webseiten ansehen zu können. Aber auch andere Programme nutzen Netzwerkverbindungen. Denken Sie z.B. an ein Videospiel, das Sie online gegen ihre Freunde spielen. Hierbei werden über eine Netzwerkverbindung Daten ausgetauscht, sodass Sie von zwei unterschiedlichen Rechnern gleichzeitig auf dasselbe Spiel zugreifen können.

Technisch gesehen besteht eine Netzwerkverbindung in der Regel zwischen 2 Endpunkten. Wenn Sie ein entsprechendes Programm entworfen haben, können Sie es auf zwei entfernten Rechnern starten. Mit Hilfe des Programms kann dann eine Verbindung zwischen den Rechnern aufgebaut werden, über die danach Daten ausgetauscht werden.

Tatsächlich ist es so, dass es verschiedene Arten gibt, wie Daten zwischen zwei Rechnern ausgetauscht werden. Die zwei am häufigsten verwendeten *Protokolle* dafür sind TCP und UDP. Zunächst einmal gehen wir ganz kurz auf die Unterschiede zwischen diesen beiden Protokollen ein.

TCP können Sie sich vorstellen wie einen Telefonanruf: Sie geben eine Adresse an, mit der Sie sich verbinden wollen (Telefonnummer) und bauen eine Verbindung auf (Anruf). Wenn die Verbindung komplett aufgebaut ist, können Sie mit der Gegenseite über diese Verbindung nach Belieben Daten austauschen (Gespräch).

UDP lässt sich dagegen eher wie das Versenden eines Briefes charakterisieren: Sie formulieren eine Nachricht, schreiben die Zieladresse darauf und werfen Sie in einen Briefkasten. Nun hoffen Sie, dass der Brief auch ankommt, eine Gewissheit dafür gibt es aber nicht. Die Adresse könnte falsch sein oder der Brief kann auch einfach in der Post verloren gehen. Ebenso ist es beim UDP-Datenversand: Sie geben für ein Datenpaket eine Adresse an und senden es einfach los, Sie erhalten aber keine Bestätigung ob das Paket jemals angekommen ist.

13.2.1 Sockets

Da man in der Regel sichergehen möchte, dass versendete Daten auch ankommen, werden meistens TCP-Verbindungen verwendet. In C# gibt es zur Realisierung von TCP-Verbindungen die sogenannten *Sockets*. Mit Hilfe von Sockets kann man eine Verbindung zwischen zwei Endpunkten herstellen. Einer der Endpunkte wird dabei der Server genannt, der andere der Client. Der Server ist dabei derjenige, der darauf wartet, dass der Client eine Verbindung zu ihm aufbaut. Der Client ist derjenige, der selbst aktiv eine Verbindung einleitet.

Um das mit unserer Telefonanruf-Analogie zu verdeutlichen: derjenige, der angerufen wird, ist der Server. Er ist nicht selbst aktiv daran beteiligt, die Verbindung aufzubauen, sondern wartet lediglich darauf, dass er von jemandem angerufen wird. Der Anrufer ist der Client: dieser baut durch das Wählen der Telefonnummer die Verbindung selbst aktiv auf.

Bevor wir uns konkret ansehen, wie das funktioniert, müssen wir vorher noch klären, was bei TCP-Verbindungen überhaupt die Adresse ist, mit der man einen Server erreichen kann. Bei Telefonanrufen ist das die Telefonnummer, aber bei Netzwerkverbindungen?

Wie Sie sicherlich wissen, gibt es bei Netzwerkverbindungen das Konzept der *IP-Adresse*. Wenn sich ein Rechner in ein Netzwerk einwählt (also wenn Sie sich mit dem Internet verbinden), erhält der Rechner von dem Netzwerk eine eindeutige Nummer, mit der der Rechner fortan angesprochen werden kann, z.b. 217.12.28.255 . Wenn wir eine Verbindung mit einem Programm, das auf einem entfernten Rechner läuft, herstellen wollen, brauchen wir also auf jeden Fall dessen IP-Adresse.

Doch die IP-Adresse allein genügt noch nicht. Auf einem Computer können bekanntlich sehr viele Programme gleichzeitig laufen (Multi-Tasking). Stellen Sie sich vor, Sie stellen nun eine Verbindung mit einem Rechner unter einer IP-Adresse 1.2.3.4 her. Ihre Verbindungsanfrage kommt dann bei diesem Rechner an und soll vom Betriebssystem verarbeitet werden. Aber woher soll das Betriebssystem wissen, für welches Programm diese Verbindungsanfrage gedacht ist? Wenn wir uns mit einem entfernten Rechner verbinden, wollen wir uns ja immer mit einem konkreten Programm auf dem entfernten Rechner verbinden, das die empfangenen Daten auch verarbeitet.

Daher genügt es zum Verbindungsaufbau nicht, einfach nur die IP-Adresse des Zielrechners anzugeben, sondern es wird auch ein Mechanismus benötigt, mit dem ein bestimmtes Programm auf dem entfernten Rechner angesteuert werden kann. Man bedient sich dazu allgemein der sogenannten *Ports*.

Ein Port ist einfach eine Nummer im Bereich von 1 bis 65535. Eine Server-Anwendung kann sich einen Port reservieren und an diesem warten, bis eine Verbindung eingeht. Sie können sich das vorstellen als einen Hafen mit verschiedenen Anlegestellen: der Hafen repräsentiert den gesamten Server-Rechner. An den Anlegestellen (den Ports) warten nun einzelne Anwendungen, dass dort Schiffe anlegen. Wenn wir uns mit einem Programm auf einem entfernten Rechner verbinden wollen, müssen wir also neben der IP-Adresse des Rechners auch noch wissen, an welchem Port dieses Programm wartet.

Wenn wir selbst eine Server-Anwendung erstellen, können wir frei wählen, an welchem Port wir auf Verbindungen warten wollen. Aber Achtung: natürlich sollte an jedem Port nur eine Anwendung warten, sonst gibt es natürlich einen Konflikt. Die niedrigen Ports sind alle bereits durch grundlegende Windows-Dienste blockiert (siehe hier [12]) - wenn wir eine eigene Anwendung erstellen, sollten wir also eine möglichst große Portnummer wählen, um mit keinem anderen Programm in Konflikt zu geraten. Bei einem Port zwischen 50.000 und 65.000 ist die Wahrscheinlichkeit relativ gering, dass man mit einem anderen Programm kollidiert, daher sind diese Ports für eigene Anwendungen am besten geeignet.

13.2.2 Port-Weiterleitung

Zum Konzept der Ports müssen wir an dieser Stelle noch eine Anmerkung machen. In der Praxis sind Rechner heutzutage selten direkt mit dem Internet verbunden, sondern es wird beispielsweise ein Router zwischengeschaltet, der es ermöglicht, mehrere Rechner an einen Internetzugang zu hängen.

In diesem Fall gibt es aber wieder ein Problem: der Router erhält nur eine globale IP-Adresse und fortan sind alle Rechner, die hinter diesem Router hängen, unter derselben IP-Adresse im Internet unterwegs. Das Problem ist: wenn man versucht, sich von außen mit einem dieser Rechner zu verbinden, landet die Verbindungsanfrage nicht mehr direkt bei diesem Rechner, sondern bei dem vorgeschalteten Router. Der Router erhält demnach eine Verbindungsanfrage, die eigentlich für einen der Rechner hinter dem Router angedacht ist. Der Router weiß aber nicht, für welchen Rechner die Anfrage gedacht ist, kann also nichts damit anfangen. Daher verwirft der Router die Anfrage einfach.

Es ist also im "Normalzustand" gar nicht möglich, sich mit einem Rechner zu verbinden, der hinter einem Router sitzt. Um das dennoch zu ermöglichen, muss man eine Einstellung am Router vornehmen: eine sogenannte *Port-Weiterleitung*. Man kann am Router einstellen: Wenn eine Verbindungsanfrage für den Port XYZ eingeht, leite diese Anfrage weiter an den Rechner ABC. Hat

---

[12]https://en.wikipedia.org/wiki/List_of_TCP_and_UDP_port_numbers

man diese Einstellung vorgenommen, dann weiß der Router, an welchen Rechner er eine bestimmte Anfrage weiterleiten soll. Dann kann auch eine Verbindung von außen korrekt aufgebaut werden.

Wenn Sie eine Server-Anwendung an einem normalen Heim-Rechner verwenden wollen, der hinter einem Router betrieben wird, müssen Sie den von Ihnen gewählten Server-Port über das Einstellungs-Menü des Routers auf den Ziel-Rechner "weiterleiten".

13.2.3 Der Server

Nach soviel Theorie wollen wir uns jetzt ansehen, wie man Netzwerkverbindungen mit C# erstellt. Wir schreiben zwei separate Programme: zunächst einen einfachen Server, der auf eingehende Verbindungen wartet. Danach erstellen wir noch einen Client, der eine Verbindung zum Server aufbaut.

```
TcpListener listener = new TcpListener(IPAddress.Any, 50000);

listener.Start();

TcpClient myClient = listener.AcceptTcpClient();
NetworkStream str = myClient.GetStream();

int zahl1 = str.ReadByte();
int zahl2 = str.ReadByte();

int summe = zahl1 + zahl2;

str.WriteByte((byte)summe);

str.Close();
myClient.Close();
listener.Stop();
```

Statt direkt mit den zuvor angesprochenen Sockets zu programmieren, nutzen wir die C#-Klassen TcpListener und TcpClient, die die Programmierung etwas komfortabler ermöglichen. Diese Klassen gehören zum Namensraum System.Net.Sockets, den wir in der Quelldatei einbinden müssen.

Mit einem TcpListener-Objekt können wir ein Socket erstellen, das auf eingehende Verbindungen wartet. Der Konstruktor benötigt zwei Parameter: der erste gibt an, welcher Adressbereich überwacht werden soll. Wir verwenden den vordefinierten Wert IPAddress.Any, um ohne Einschränkungen alle eingehenden Verbindungen zu erfassen. Der zweite Parameter gibt an, an welchem Port das Socket auf eingehende Verbindungen warten soll. Wir warten an Port 50000.

Mit einem Aufruf der Methode Start wird die Überwachung von eingehenden Verbindungen gestartet.

Nun rufen wir die Methode AcceptTcpClient auf. Diese Methode *blockiert* so lange, bis tatsächlich eine neue Verbindung eingeht. Blockieren bedeutet, dass das Programm so lange still steht, bis eine eingehende Verbindung erfasst wurde. Wenn es also eine halbe Stunde dauert, bis eine Verbindung eingeht, steht das Programm so lange still. In der Praxis würde man hier mit einem Hintergrund-Thread arbeiten, damit das Programm in der Zwischenzeit weiterhin bedienbar bleibt.

Wenn eine Verbindungsanfrage eingeht, stellt die Methode `AcceptTcpClient` automatisch die Verbindung her. Sie liefert uns ein Objekt vom Typ `TcpClient`, mit dem wir danach Daten über die bestehende Verbindung austauschen können.

Über das `TcpClient`-Objekt kommen wir durch einen Aufruf der Methode `GetStream` an den `NetworkStream`. Den Stream können wir uns vorstellen als den Telefonhörer aus der Analogie mit dem Telefonanruf. Wir können Daten in den Stream hineinschreiben und horchen, was an der Gegenseite in den Stream geschrieben wird.

In unserem Beispiel lesen wir zunächst zwei Werte aus dem Stream aus. Die Methode `ReadByte` liest ein einzelnes Byte, das auf der Gegenseite in den Stream geschrieben wurde, aus. Die Methode `ReadByte` blockiert, d.h. es wird nach einem Aufruf so lange gewartet, bis die Gegenseite auch tatsächlich etwas in den Stream geschrieben hat.

Wir bilden nun die Summe aus den beiden empfangenen Werten und nutzen die Methode `WriteByte`, um das Ergebnis zurück in den Stream zu schreiben. Bei dieser einfachsten Form der Datenübertragung können nur `byte`-Werte über das Netzwerk übertragen werden, daher führen wir eine explizite Typanpassung vor dem Versenden des Ergebnisses durch.

Wir haben zwei Werte empfangen, aus diesen eine Summe gebildet und das Ergebnis an den ursprünglichen Sender zurück geschickt. Jetzt schließen wir sowohl den `NetworkStream` als auch den `TcpClient` (d.h. die Verbindung wird getrennt) und beenden auch den `TcpListener`, der bisher auf neue Verbindungen gewartet hat.

Zum Schluss noch eine Anmerkung: In der Praxis würde man solchen Code mit `try-catch`-Konstrukten versehen, um auf Fehler während der Netzwerk-Übertragungen reagieren zu können. Der Übersichtlichkeit halber haben wir das hier weggelassen. In den Begleitmaterialien finden Sie den kompletten Code mit den `try-catch`-Konstrukten.

13.2.4 Der Client

Wir schreiben jetzt den Client, der mit dem zuvor gesehenen Server interagieren kann. Die Client-Anwendung soll zunächst zwei Bytes über ein Socket an den Server senden. Danach soll ein Wert, der die Summe der beiden gesendeten Werte enthalten soll, zurück vom Server empfangen werden.

```
TcpClient myClient = new TcpClient("localhost", 50000);

NetworkStream stream = myClient.GetStream();

stream.WriteByte(12);
stream.WriteByte(20);

int ergebnis = stream.ReadByte();

stream.Close();
myClient.Close();

Console.WriteLine("Der Server hat {0} als Ergebnis der Addition geliefert",
    ergebnis);
```

Beim Client warten wir nicht mehr auf eine eingehende Verbindung, sondern stellen selbst aktiv eine Verbindung her. Dazu benutzen wir den Konstruktor der Klasse `TcpClient`. Dieser übergeben wir die IP-Adresse des Servers sowie den gewünschten Port, auf dem verbunden werden soll. Der Konstruktor stellt automatisch eine Verbindung her.

In unserem speziellen Fall haben wir keine IP-Adresse angegeben, sondern die Bezeichnung „localhost“. localhost bedeutet, dass wir uns dieses Mal nicht mit einem entfernten Rechner verbinden wollen, sondern lediglich mit einem anderen Port auf dem eigenen Computer. Wir können damit also zwei Programme, die auf demselben Rechner laufen, miteinander verbinden. Natürlich hätten wir statt localhost hier auch eine externe IP-Adresse angeben können, auf der unsere Server-Anwendung läuft.

Jetzt benutzen wir wieder die Methode GetStream, um an den NetworkStream zu kommen. Wir schreiben dann mit WriteByte zwei Werte in den Stream hinein und lesen mit ReadByte den Wert aus, der auf der Gegenseite in den Stream geschrieben wurde.

Das ausgelesene Ergebnis sollte die Summe der beiden gesendeten Werte sein. Wir geben dieses Ergebnis auf der Konsole aus. Über die entsprechenden Close-Methoden schließen wir noch den NetworkStream und den TcpClient.

In der Praxis würde man den NetworkStream übrigens nicht auf eine derartige Weise zum Versenden und Empfangen einzelner Bytes verwenden. Stattdessen können auch komplexe Objekte über einen Stream verschickt werden. An dieser Stelle soll jedoch dieses einfache Beispiel genügen, um das grundlegende Prinzip bei der Datenübertragung zu demonstrieren.

13.2.5 Zugriff auf Internet-Ressourcen

Mit dem gezeigten Mechanismus der Sockets können wir theoretisch auf alle Dienste zugreifen, die via TCP realisiert sind. Das trifft z.B. auf Webserver zu: mittels Socket-Programmierung können wir Internetseiten auslesen und die Daten in unseren Programmen verarbeiten.

Der Zugriff auf Internet-Ressourcen ist jedoch eine sehr gebräuchliche Anwendung von Netzwerktechnik innerhalb von C#-Programmen. Daher gibt es in der C#-Klassenbibliothek Klassen, die uns den Zugriff auf Webseiten vereinfachen. Diese Klassen befinden sich in den Namensräumen System.Net und System.IO, die wir in unsere Quelldateien einbinden müssen.

Die Kommunikation mit einem Webserver wird unterteilt in Anfrage (engl. request) und Antwort (engl. response). Man stellt an einen Webserver also eine Anfrage nach einer Ressource, die der Webserver dann mit einer Antwort ausliefert. In C# gibt es für Anfrage und Antwort die Klassen WebRequest und WebResponse.

```
public void webzugriffBeispiel(string url)
{
  WebRequest objRequest = WebRequest.Create(url);

  WebResponse objResponse = objRequest.GetResponse();

  Stream responseStream = objResponse.GetResponseStream();
  StreamReader sr = new StreamReader(responseStream);

  string response = sr.ReadToEnd();
  Console.WriteLine(response);
}
```

Zunächst legen wir einen Request (also eine Instanz der Klasse `WebRequest`) an. Dazu rufen wir die statische Methode `Create` der Klasse `WebRequest` auf und übergeben ihr die URL, zu der wir eine Verbindung aufbauen wollen.

Auf dem Request-Objekt rufen wir nun die Methode `GetResponse` auf. Dadurch erhalten wir Zugriff auf das Antwort-Objekt, also eine Instanz der Klasse `WebResponse`. Indem wir danach auf dem Antwort-Objekt die Methode `GetResponseStream` aufrufen, erhalten wir Zugriff auf den Stream, über den wir die angeforderten Daten auslesen können. Dieser Stream ist vergleichbar zu dem `NetworkStream` aus dem vorherigen Abschnitt.

Den Stream könnten wir jetzt Zeichen für Zeichen auslesen. Stattdessen verwenden wir diesmal die C#-Klasse `StreamReader`, mit der wir einen Stream komfortabler auslesen können. Dem Konstruktor der Klasse `StreamReader` übergeben wir den Stream, der ausgelesen werden soll.

Nun können wir auf dem `StreamReader`-Objekt die Methode `ReadToEnd` aufrufen, die dann den kompletten Stream ausliest und den Inhalt als `string` zur Verfügung stellt. Abschließend geben wir den über den Stream ausgelesenen Text auf der Konsole aus.

Wenn wir die soeben geschriebene Methode `webzugriffBeispiel` aufrufen, wird der Quellcode der angegebenen Webseite auf der Konsole ausgegeben.

```
webzugriffBeispiel("http://www.programmierenlernen24.de");
```

13.3 Weitere Klassen der Klassenbibliothek

Neben den hier gezeigten Beispielen gibt es noch viele weitere Klassen in der Klassenbibliothek, die Zugriff auf Systemfunktionalitäten bereit stellen. In der offiziellen Referenz[13] finden Sie eine genaue Beschreibung der Funktionalitäten dieser Klassen.

Auch über die offizielle C#-Klassenbibliothek hinaus gibt es viele externe Klassenbibliotheken, die die verschiedensten Funktionalitäten abdecken. Viele von diesen externen Klassenbibliotheken sind für den nicht-kommerziellen Gebrauch kostenlos. Wenn Sie in Ihrem Programm eine bestimmte Aufgabe erledigen möchten, können Sie zuvor im Internet suchen, ob es dafür bereits eine Klassenbibliothek gibt.

Externe Klassenbibliotheken werden meist als Datei im `.DLL`-Format ausgeliefert. Um in Ihrem Projekt eine externe Klassenbibliothek zu benutzen, machen Sie im Projektmappen-Explorer einen Rechtsklick auf *Verweise* und wählen dann *Verweis hinzufügen*. Jetzt noch auf *Durchsuchen* klicken und dann können Sie die entsprechende `.DLL`-Datei auswählen.

Eine zentrale Anlaufstelle für das Finden von externen Bibliotheken ist das *NuGet*-Verzeichnis. Dieses ist direkt in Visual Studio integriert: klicken Sie dazu mit der rechten Maustaste auf *Verweise* im Projektmappen-Explorer und wählen Sie dann *NuGet-Pakete* verwalten. Nun können Sie nach externen Bibliotheken suchen und diese direkt in Ihr Projekt integrieren.

---

[13]https://msdn.microsoft.com/de-de/library/gg145045(v=vs.110).aspx

14 Grafische Oberflächen (GUIs)

Zum Abschluss der C#-Einführung wollen wir jetzt auch noch auf die *GUI-Programmierung* zu sprechen kommen. Bisher haben wir nur einfache Konsolenprogramme gesehen. Diese Programme werden gestartet, sie erzeugen ein paar Ausgaben auf der Konsole und sind dann auch schon wieder beendet. Konsolenprogramme sind recht gut dazu geeignet, Einsteigern die Basics von C# zu demonstrieren.

Als Sie sich entschlossen haben, programmieren zu lernen, hatten Sie vermutlich nicht im Sinn, endlich tolle Konsolenprogramme im Stile der 1980er-Jahre erstellen zu können. In der Regel, wenn man ein Programm erstellt, das von anderen Menschen benutzt werden soll, möchte man eine grafische Benutzeroberfläche in das Programm integrieren (engl. graphical user interface, kurz GUI).

Alle Elemente der Programmiersprache C#, die Sie bis hierher kennen gelernt haben, können Sie auch in GUI-Anwendungen verwenden. Lediglich der grundsätzliche Programmablauf unterscheidet sich zwischen Konsolenprogramm und GUI-Anwendung. Beim Konsolenprogramm werden nacheinander alle Anweisungen abgearbeitet, dann wird das Programm beendet. Eine GUI-Anwendung dagegen öffnet eines oder mehrere Fenster und wartet dann auf Benutzerinteraktionen. Je nach Benutzerinteraktion werden dann Berechnungen und Aktionen durchgeführt. Meist wird ein Programm erst dann beendet, wenn der Benutzer dies ausdrücklich wünscht, zum Beispiel durch Klicken der Schließen-Schaltfläche rechts oben in der Titelzeile.

Die grundsätzliche Vorgehensweise beim Erstellen eines Programms mit einer grafischen Benutzeroberfläche ist wie folgt:

1. Mit Hilfe von verschiedenen C#-Befehlen baut man zunächst die Benutzeroberfläche auf. Diese sollte einige Elemente enthalten, die Benutzerinteraktionen ermöglichen, z.B. Buttons oder Eingabefelder.

2. Für jedes Element, das eine Benutzerinteraktion ermöglicht, kann man festlegen, welche Aktion ausgeführt wird, wenn die Interaktion erfolgt. Man kann beliebigen Code angeben, der ausgeführt wird, wenn ein Benutzer eine Interaktion mit der GUI durchführt.

Es gibt mehrere Möglichkeiten, mit C# grafische Oberflächen zu gestalten. *Windows Forms* ist eine schon sehr alte Bibliothek, die das Erstellen von Benutzeroberflächen zwar relativ einfach macht, jedoch keine wirklich schönen Ergebnisse liefert. Wir werden hier daher die *Windows Presentation Foundation* (WPF) benutzen, die zwar hier und da etwas komplizierter ist, dafür aber weit mehr Möglichkeiten bietet und ein optisch viel ansprechenderes Endergebnis liefert.

Wir werden uns eine sehr einfache GUI ansehen, um die grundsätzliche Vorgehensweise zu verstehen. Wir wollen sehen, wie man eine Benutzeroberfläche aufbaut, wie man auf Benutzerinteraktionen reagieren und wie man Daten in einer Benutzeroberfläche darstellen kann.

14.1 Eine grafische Oberfläche mit WPF erstellen

Wenn Sie ein Programm mit einer grafischen Benutzeroberfläche mit Visual Studio erstellen möchten, ist die Vorgehensweise im Vergleich zu den bisher gesehenen Konsolenprogrammen etwas anders.

Beim Anlegen eines neuen Projektes wählen Sie jetzt nicht mehr die Option *Konsolen-App*, sondern stattdessen *WPF-App*.

Im Projektmappen-Explorer können Sie danach sehen, dass nun andere Dateien von Visual Studio automatisch generiert werden. Die Datei `Program.cs` ist jetzt nicht mehr vorhanden, dafür die Dateien `App.config`, `App.xaml` und `MainWindow.xaml`.

Übrigens: wie auch bei den vorherigen Kapiteln finden Sie alle Code-Beispiele zum Download in den Begleitmaterialien zum Buch in Kapitel 16. Trotzdem empfehlen wir bei diesem Kapitel, die beschriebenen Schritte auch selbst einmal durchzuführen. Statt einfach nur Quelltexte zu schreiben, werden wir diesmal auch einige Funktionen von Visual Studio benötigen. Der Lerneffekt ist dabei am größten, wenn Sie alle Schritte selbst durchführen und live sehen, welche Auswirkungen die Anwendung der verschiedenen Visual Studio Funktionen hat.

14.1.1 XAML

Mit der *Extensible Application Markup Language* (XAML) stellt Microsoft eine XML-ähnliche Beschreibungssprache zur Gestaltung von grafischen Benutzeroberflächen bereit.

Den Begriff XML haben Sie vermutlich schon mal gehört. Falls Sie jedoch nicht genau wissen, worum es sich dabei handelt, geben wir hier einen kurzen Überblick.

XML steht für *Extensible Markup Language*. Das ist eine Sprache zur Darstellung hierarchisch strukturierter Daten. XML bzw. ähnliche Sprachen werden sehr oft verwendet, weil sie zum einen sehr gut maschinenlesbar sind, aber auch für Menschen sehr leicht verständlich sind.

Kern von XML sind ineinander verschachtelte Elemente bzw. *Tags*. Ein XML-Dokument hat immer genau ein *Wurzelelement* auf höchster Ebene, innerhalb des Wurzelelements verschachteln sich dann beliebige weitere Elemente.

Ein Tag kann eine beliebige Zeichenkette sein, die von spitzen Klammern umgeben ist. Ein Tag kommt immer paarweise daher: dem normalen, öffnenden Tag, folgt irgendwann das schließende Tag, das nach der einleitenden spitzen Klammer noch einen Slash besitzt.

```
<MeinTag></MeinTag>
```

Im Inneren (also zwischen dem öffnenden und dem schließenden Tag) befindet sich dann entweder Text oder es werden weitere Tags darin geschachtelt.

Doch grau ist alle Theorie. Mit einem konkreten Beispiel wird das sicherlich gleich sehr viel besser verständlich.

```
<MeineAutos>
    <TeureAutos>
        <Auto>Ferrari 488</Auto>
    </TeureAutos>
    <GuenstigeAuto>
        <Auto>Opel Kadett</Auto>
        <Auto>Peugeot 106</Auto>
        <Auto>VW Polo</Auto>
```

```
        </GuenstigeAutos>
    </MeineAutos>
```

Das XML-Dokument zeigt eine Übersicht aller Autos, die der Autor des Buchs besitzt oder einmal besessen hat. (Gut, bis auf eine Ausnahme ...)

Das Wurzelelement (also das Element auf der höchsten Hierarchie-Stufe) ist das Tag-Paar `MeineAutos`. In der hierarchisch nächsten Ebene wird dann unterschieden zwischen `TeureAutos` und `GuenstigeAutos`. Innerhalb des Tag-Paares `TeureAutos` ist dann ein einzelnes `Auto`-Element in der dritten Hierarchie-Stufe gelistet. Innerhalb des Tag-Paares `GuenstigeAutos` finden sich dagegen drei `Auto`-Elemente in der untersten Ebene.

Wir sagen, das Wurzelelement `MeineAutos` hat die *Kinder-Elemente* `TeureAutos` und `GuenstigeAutos`. Diese wiederum haben eine unterschiedliche Anzahl an Kinder-Elementen vom Typ `Auto`. Direkt untergeordnete Elemente werden als Kinder-Elemente bezeichnet, direkt übergeordnete dagegen als *Eltern-Element*. Das Element `TeureAutos` hat das Eltern-Element `MeineAutos`.

Zudem können Tags in XML noch Eigenschaften besitzen. Eigenschaften werden innerhalb des öffnenden Tags angegeben:

```
<MeinTag MeineEigenschaft="Wert"></MeinTag>
```

Das XML-Dokument mit den Autos könnte wie folgt mit Eigenschaften erweitert werden:

```
<MeineAutos>
    <TeureAutos>
        <Auto Preis="212653 Euro" Leistung="670 PS">Ferrari 488</Auto>
    </TeureAutos>
    <GuenstigeAuto>
        <Auto Preis="0 Euro" Leistung="75 PS">Opel Kadett</Auto>
        <Auto Preis="4500 Euro" Leistung="60 PS">Peugeot 106</Auto>
        <Auto Preis="9200 Euro" Leistung="105 PS">VW Polo</Auto>
    </GuenstigeAutos>
</MeineAutos>
```

Auf ähnliche Weise werden mit XAML grafische Benutzeroberflächen zusammen gebaut. Das Wurzelelement ist vom Typ `Window`, darin werden dann die weiteren Elemente der Oberfläche hierarchisch gruppiert.

Tatsächlich hat uns Visual Studio beim Anlegen eines WPF-Projekts schon das Grundgerüst automatisch generiert. Dieses findet sich in der Datei `MainWindow.xaml`. Wenn wir diese Datei in Visual Studio anzeigen lassen, sehen wir eine horizontal geteilte Arbeitsfläche: im unteren Teil findet sich der XAML-Code. Im oberen Teil sehen wir eine Vorschau des Fensters, das aus der XAML-Datei generiert wird. Änderungen am Code führen zu einer sofortigen Aktualisierung der Vorschau, sodass wir zu jeder Zeit sehen, wie das Fenster bisher aussieht.

In der generierten Datei `MainWindow.xaml` findet sich auf der obersten Hierarchie-Ebene bereits ein Window-Element, das das Fenster darstellen soll. Es sind auch bereits einige Eigenschaften gesetzt, z.B. Höhe und Breite des Fensters sowie der Titel. Wir können diese Eigenschaften jetzt direkt im Editor ändern und z.B. einen anderen Titel für das Fenster angeben, beispielsweise „WPF-Beispiel".

Tatsächlich ist das, was wir dort sehen, schon ein vollständiges Fenster, das wir in einer GUI-Anwendung verwenden können. Wenn wir `Strg + F5` drücken, wird der gesamte Quellcode übersetzt und das neue Programm gestartet. Es öffnet sich ein (leeres) Fenster mit dem von uns angegebenen Titel in der Titelzeile. Durch Klicken auf die Schließen-Schaltfläche rechts oben können wir das Programm wieder beenden.

14.1.2 Elemente zur grafischen Oberfläche hinzufügen

Jetzt wollen wir das Fenster erweitern und eigene Elemente hinzufügen. In der automatisch generierten Datei ist in der zweiten Hierarchie-Ebene bereits ein weiteres Element enhalten, ein sogenanntes `Grid`-Element. Ein Grid ist kein direkt sichtbares Element, sondern lediglich ein Layout-Container, der untergeordnete Elemente sammelt und in einem bestimmten Layout darstellt.

Da innerhalb des Grids bisher keine weiteren Elemente enthalten sind, ist das Fenster leer, da nur der (unsichtbare) Layout-Container vorhanden ist. Ein Grid unterteilt eine Fläche wie eine Tabelle in Zeilen und Spalten. Die Nummerierung der Zeilen und Spalten beginnt links oben, d.h. dort ist (Zeile 0, Reihe 0), rechts daneben (Zeile 0, Reihe 1), und so weiter. Darunter dann (Zeile 1, Reihe 0), (Zeile 1, Reihe 1), und so weiter. Die Höhe oder Breite für eine Zeile oder Spalte können wir explizit in Pixeln angeben. Es gibt jedoch auch die Möglichkeit, Zeilen und Spalten so zu formatieren, dass die Größe automatisch anhand der Inhalte der Zellen angepasst wird.

In unserem ersten, einfachen Beispiel, wollen wir eine einzelne Zeile anlegen. Da es damit nur eine einzelne Spalte gibt, die über die gesamte Breite geht, brauchen wir dies nicht explizit anzugeben. Unsere erste (und vorerst einzige) Zeile soll eine Höhe von 25 Pixeln haben, daher müssen wir diese explizit anlegen.

Dafür fügen wir innerhalb des `Grid`-Elementes zunächst ein Kind-Element `Grid.RowDefinitions` ein. Dieses Element bekommt nun ein einzelnes Kind-Element `RowDefinition`, dessen Eigenschaft `Height` wir auf 25 setzen.

```
<Grid.RowDefinitions>
    <RowDefinition Height="25"></RowDefinition>
</Grid.RowDefinitions>
```

Wir haben damit bisher angegeben, dass unser Fenster eine Zeile mit einer Höhe von 25 Pixeln besitzen soll. Einen tatsächlichen Inhalt hat diese Zeile jedoch noch nicht.

Da wir bisher genau eine Zeile und eine Reihe haben, hat unser Grid eine einzelne Zelle. Wir können daher ein einzelnes Element angeben, das in dieser Zelle platziert werden soll. Dazu fügen wir ein weiteres Kind-Element zu dem übergeordneten `Grid`-Element hinzu. Das neue Element platzieren wir also direkt hinter das schließende `Grid.RowDefinitions`-Tag.

Wir verwenden diesmal ein Element vom Typ `StackPanel`. Auch das `StackPanel` selbst ist kein sichtbares Element, sondern ein weiterer Layout-Container (also wie das `Grid`). Das `StackPanel` ist im Vergleich zum `Grid` ein viel einfacherer Layout-Container: es platziert alle seine Kinder-Elemente einfach nacheinander auf der verfügbaren Fläche.

Das `StackPanel` kann seine Kinder-Elemente entweder horizontal (d.h. nebeneinander) oder vertikal (d.h. untereinander) platzieren. Dies kann man mit der Eigenschaft `Orientation` festlegen. Da wir Elemente nebeneinander platzieren wollen, geben wir den Wert `Horizontal` an.

Zudem sollten wir noch angeben, in welcher Zelle des übergeordneten Grids das `StackPanel` überhaupt eingefügt werden soll. Dazu setzen wir beim `StackPanel` die Eigenschaften `Grid.Row` und `Grid.Column` auf 0.

```
<StackPanel Orientation="Horizontal" Grid.Row="0" Grid.Column="0">
</StackPanel>
```

Wenn wir die Angabe von Spalte oder Zeile weggelassen hätten, wäre das `StackPanel` automatisch in Spalte 0 bzw. Zeile 0 platziert worden. Wir hätten in diesem speziellen Fall die Angaben also auch weglassen könne, nehmen sie aber explizit auf, um das grundsätzliche Vorgehen zu demonstrieren.

Innerhalb des `StackPanels` können wir jetzt beliebige Elemente einfügen, die dann der Reihe nach nebeneinander in der ersten Zeile platziert werden. Wir werden insgesamt 4 Elemente einfügen: zwei Eingabefelder, einen Button und ein Beschriftungsfeld. Eingabefelder werden mit dem Element-Typ `TextBox` erstellt, Buttons mit dem Typ `Button` und Beschriftungsfelder mit dem Typ `Label`.

```
<Grid>
    <Grid.RowDefinitions>
        <RowDefinition Height="25"></RowDefinition>
    </Grid.RowDefinitions>
    <StackPanel Orientation="Horizontal" Grid.Row="0" Grid.Column="0">
        <TextBox x:Name="Input1" Width="60"></TextBox>
        <TextBox x:Name="Input2" Width="60"></TextBox>
        <Button x:Name="ButtonLos">Los</Button>
        <Label x:Name="LabelErgebnis"></Label>
    </StackPanel>
</Grid>
```

Wir haben bei den beiden Textboxen über die Eigenschaft `Width` die Breite jeweils als 60 Pixel angegeben. Zudem haben wir über die Eigenschaft `x:Name` jeweils einen Namen für die beiden Textboxen, den Button und das Beschriftungsfeld angegeben. Wofür wir diese Namen brauchen, werden wir später sehen.

Jetzt können wir das Programm wieder durch drücken von `Strg + F5` übersetzen und starten. Das Fenster öffnet sich und wir sehen die beiden Eingabefelder und den Button. Auf den Button können wir auch klicken, jedoch geschieht nichts weiter. Das Beschriftungsfeld ist dagegen nicht zu sehen, weil es (noch) keinen Inhalt besitzt.

14.2 Auf Benutzerinteraktionen reagieren

Jetzt haben wir eine erste einfache Benutzeroberfläche zusammengebaut, die jedoch noch keinerlei Funktionalität aufweist. Das wollen wir gleich nachholen: wir möchten in die beiden Eingabefelder Zahlen schreiben, die nach einem Klick auf den Button addiert werden. Das Ergebnis soll dann im Beschriftungsfeld angezeigt werden.

Zunächst befassen wir uns jedoch noch kurz mit der grundsätzlichen Funktionsweise von XAML-Dateien. Wie wir gesehen haben, bauen wir die Benutzeroberfläche nicht mit C#-Befehlen zusammen, sondern verwenden dafür die XML-ähnliche Beschreibungssprache XAML.

Beim Übersetzen des Programms wird der XAML-Code in C#-Code umgewandelt. Aus der `MainWindow.xaml` wird beim Übersetzungsprozess automatisch eine C#-Klasse `MainWindow` erzeugt.

XAML eignet sich gut, um damit Elemente einer Oberfläche zusammen zu bauen. Um dieser Oberfläche Funktionalität hinzuzufügen eignet es sich aber nicht. Hierfür würden wir lieber wieder auf C#-Befehle zurückgreifen können.

Da das XAML beim Übersetzen sowie wieder in eine C#-Klasse umgewandelt wird, können wir diese in Visual Studio mit eigenen Attributen, Eigenschaften und Methoden erweitern. Dazu gibt es in Visual Studio die sogenannte *CodeBehind*-Datei. Diese enthält den zusätzlichen Quelltext der Klasse, die beim Übersetzen aus der XAML-Datei generiert wird.

Zu jeder XAML-Datei gibt es in Visual Studio eine CodeBehind-Datei. Die zur `MainWindow.xaml` gehörige CodeBehind-Datei heißt `MainWindow.xaml.cs`. Wir können diese öffnen, indem wir im Projektmappen-Explorer zunächst den Eintrag `MainWindow.xaml` erweitern und dann darunter die `MainWindow.xaml.cs` auswählen.

Wir wir sehen, befindet sich darin das Grundgerüst der Klasse `MainWindow`. Bei der Klassendefinition wird zusätzlich das Schlüsselwort `partial` verwendet, was darauf hinweist, dass sich in dieser Datei nur ein Teil der Klasse befindet (da der restliche Teil der Klasse aus der `MainWindow.xaml` generiert wird).

Als erstes erweitern wir die Klasse `MainWindow` jetzt, indem wir zwei Methoden schreiben, die die Inhalte der beiden Eingabefelder auslesen. Da wir (`int`-) Zahlen in die Eingabefelder schreiben wollen, sollten die beiden Methoden jeweils einen `int`-Wert als Ergebnis liefern.

Hier kommen die Namen ins Spiel, die wir den Eingabefeldern im vorherigen Abschnitt gegeben haben. Über diese Namen können wir im Code auf die Eingabefelder zugreifen. Die `TextBox`-Klasse besitzt eine Eigenschaft `Text`, mit der der Text des Eingabefeldes als `string`-Objekt ausgelesen (oder bei Bedarf auch gesetzt) werden kann. Dieser Text muss nun nur noch mit der statischen Methode `Parse` des Datentypes `int` (vgl. Kapitel 6.8.3) in eine Ganzzahl umgewandelt werden.

```
private int getIntEingabe1()
{
  return int.Parse(Input1.Text);
}

private int getIntEingabe2()
{
  return int.Parse(Input2.Text);
}
```

Jetzt wenden wir uns wieder der Datei `MainWindow.xaml` mit dem Grundgerüst unserer Benutzeroberfläche zu. Auf der rechten Seite von Visual Studio sehen wir einen Bereich, der mit *Eigenschaften* betitelt ist. (Sollte der Bereich nicht zu sehen sein, wählen Sie bitte im Menü *Ansicht* und dann *Eigenschaftenfenster*.)

Wenn wir entweder im Vorschaufenster oder im XAML-Code ein Element anklicken, erscheinen dessen Eigenschaften im Eigenschaftsfenster (eventuell muss oben das Werkzeug-Symbol ausgewählt werden). Auf diese Weise finden wir leicht heraus, welche Eigenschaften man bei den einzelnen

Elementen noch ändern kann (z.B. die Ausrichtung, Farbe, usw.). Wir können die Werte der Eigenschaften auch direkt im Eigenschaftsfenster ändern, der XAML-Code wird dann automatisch angepasst.

Jetzt interessieren wir uns aber für etwas anderes, nämlich die Events, die die Elemente einer Benutzeroberfläche aussenden. In Kapitel 12.2 hatten wir gesehen, wie man selbst Events aussenden kann, auf die andere Klassen reagieren. Bei Elementen einer Benutzeroberfläche ist es nun so, dass diese automatisch bei den verschiedensten Benutzerinteraktionen Events aussenden, auf die wir reagieren können.

Wir interessieren uns für den Los-Button. Sobald auf diesen geklickt wird, möchten wir die Zahlen in den Eingabefeldern auslesen und aus diesen die Summe bilden. Wir klicken dazu im Vorschaufenster oder im XAML-Code den Button an. Im Eigenschaftsfenster werden jetzt die Eigenschaften angezeigt. Jetzt klicken wir aber oben rechts im Eigenschaftsfenster auf das Blitz-Symbol. Nun werden uns alle Events, die der Button aussendet, aufgelistet. Wie Sie sehen sind das also ganz schön viele.

Wir benötigen aber nur das einfache `Click`-Event. Dieses wird ausgelöst, wenn der Benutzer auf den Button klickt. Wir machen nun im Eigenschaftsfenster einen Doppelklick in die leere Textbox neben dem `Click`-Event in der Auflistung.

Wir werden automatisch zur CodeBehind-Datei umgeleitet und es wird ein Methodenrumpf von Visual Studio generiert. Diese Methode ist der Event-Handler, der ausgeführt wird, wenn der Button geklickt wird. (Wenn wir zurück zur `MainWindow.xaml` gehen, sehen wir, dass dort eine Eigenschaft `Click` zum `Button`-Element hinzugefügt wurde. Diese Eigenschaft verweist auf die automatisch generierte Methode. Das `Click`-Event ist damit bereits mit der neuen Methode verbunden.)

Wir können jetzt in die Methode `ButtonLos_Click` Code schreiben, der ausgeführt wird, wenn der Benutzer auf den Button klickt.

```
private void ButtonLos_Click(object sender, RoutedEventArgs e)
{
  string ergebnis = "";
  try
  {
    int ergebnisInt = getIntEingabe1() + getIntEingabe2();
    ergebnis = string.Format("Das Ergebnis lautet {0}", ergebnisInt);
  } catch (FormatException e1)
  {
    ergebnis = "Sie haben eine ungueltige Zahl angegeben.";
  }

  LabelErgebnis.Content = ergebnis;
}
```

Wir legen zunächst eine `string`-Variable `ergebnis` an. Wir benutzen dann die zuvor geschriebenen Methoden `getIntEingabe1` und `getIntEingabe2`, um an die Werte der Zahlen in den Eingabeboxen zu kommen und die Summe daraus zu berechnen. Danach integrieren wir das Ergebnis in eine Meldung, die wir später ausgeben wollen.

Wir haben allerdings ein `try-catch`-Konstrukt benutzt: für das Auslesen der Zahlen aus den Eingabeboxen hatten wir innerhalb der beiden Methoden `getIntEingabe1` und `getIntEingabe2` jeweils eine Umwandlung von `string` nach `int` durchgeführt. Dabei kann eine `FormatException` auftreten, wenn sich der Text nicht in einen `int`-Wert umwandeln lässt. Diese Ausnahme fangen wir jetzt ab. In diesem Fall formulieren wir eine Meldung, die darauf hinweist, dass eine ungültige Zahl angegeben wurde.

In der Zeichenkette `ergebnis` ist jetzt entweder eine Meldung mit dem Ergebnis der Summe oder ein Hinweis auf eine ungültige Zahl gespeichert. Diese Meldung wollen wir jetzt über die Benutzeroberfläche ausgeben. Wir greifen auf das Beschriftungsfeld zu, das wir in der XAML-Datei zu der GUI hinzugefügt haben. Auch dieses lässt sich über den dort gesetzten Namen innerhalb der CodeBehind-Datei ansprechen. Die Klasse `Label` besitzt eine Eigenschaft `Content`, über die man den Inhalt des Beschriftungsfelds festlegen kann. Wir weisen dieser Eigenschaft unsere Meldung, die in der Variable `ergebnis` gespeichert ist, zu.

Wenn wir das Programm jetzt durch Drücken von `Strg` + `F5` übersetzen und ausführen, zeigt das Programm die gewünschte Funktionsweise. Wir können Zahlen in die Eingabefelder schreiben und erhalten das Ergebnis der Addition dieser Zahlen, wenn wir auf den Los-Button klicken.

Zum Abschluss noch ein Hinweis: die Benutzeroberfläche wird im Hauptthread des Programms ausgeführt. Der Hauptthread zeichnet alle Komponenten und ändert die Darstellung je nach Benutzereingabe (z.B. wenn man Eingaben in den Eingabefeldern macht). Wenn wir nach einer Benutzerinteraktion eine Berechnung direkt im Hauptthread durchführen, friert das Programm so lange ein und lässt sich nicht mehr bedienen. Im gezeigten Fall ist das ok: wir führen nur eine einfache Addition aus, die fast keine Zeit in Anspruch nimmt.

Wenn wir aber umfangreichere Operationen nach einer Benutzereingabe ausführen wollen, sollten wir dies immer in einen eigenen Thread auslagern. Die Klasse `BackgroundWorker`[14] unterstützt uns dabei. Wir verweisen dazu auf die weiterführenden Web-Tipps.

14.3 Daten in einer Benutzeroberfläche darstellen

Wir haben jetzt gesehen, wie man eine einfache Benutzeroberfläche aufbaut und wie man auf Interaktionen von Benutzern reagieren kann. Jetzt wollen wir uns noch ansehen, wie man eine größere Menge an Daten in einer Benutzeroberfläche darstellen kann.

Zum Darstellen von Daten werden in Computerprogrammen oft Tabellen mit Zeilen und Spalten verwendet. In jeder Zeile wird ein Element dargestellt, in jeder Spalte dann eine bestimmte Eigenschaft des Elementes.

Die Liste von Autos, die wir in Abschnitt 14.1.1 als XML-Dokument dargestellt haben, ließe sich auch als einfache Liste schreiben:

Auto	Leistung	Preis
Ferrari 488	670 PS	212653 Euro
Opel Kadett	75 PS	0 Euro
Peugeot 106	60 PS	4500 Euro
VW Polo	105 PS	9200 Euro

Wir möchten in unserer Benutzeroberfläche jetzt aber etwas anderes darstellen. Alle Berechnun-

---

[14]https://msdn.microsoft.com/de-de/library/system.componentmodel.backgroundworker(v=vs.110).aspx

gen, die wir in der Benutzeroberfläche durchgeführt haben, sollen gewissermaßen in einer Historie dargestellt werden. Wir möchten eine Tabelle erstellen, die jedes Mal, wenn wir neue Daten in die Maske eingeben und auf Los drücken, um einen Eintrag erweitert wird.

Zahl 1	Zahl 2	Summe
1	5	6
12	-4	8
17	32	49

Bei der Darstellung von Daten in Tabellen unterstützt WPF die objektorientierte Vorgehensweise: Zeilen in Tabellen können mit Hilfe von Klassen-Instanzen dargestellt werden. Jede Zeile repräsentiert eine Instanz und in den verschiedenen Spalten werden ausgewählte Eigenschaften der Instanzen angezeigt.

Um die Historie der Berechnungen in einer Tabelle darstellen zu können, benötigen wir eine Klasse, die eine einzelne Berechnung repräsentiert. Eine solche Klasse lässt sich sehr einfach realisieren.

```
public class Berechnung
{
  public int Zahl1 { get; private set; }
  public int Zahl2 { get; private set; }

  public Berechnung(int zahl1, int zahl2)
  {
    Zahl1 = zahl1;
    Zahl2 = zahl2;
  }

  public int Summe
  {
    get
    {
      return Zahl1 + Zahl2;
    }
  }
}
```

Die Klasse besitzt zwei Eigenschaften Zahl1 und Zahl2, die über den Konstruktor der Klasse initialisiert werden. Zudem besitzt Sie eine Eigenschaft Summe, die die Summe der beiden Zahlen liefert.

Im nächsten Schritt müssen wir im C#-Code Teil der Klasse MainWindow eine Collection anlegen, die Instanzen der Klasse Berechnung aufnimmt. Die Elemente dieser Collection sollen dann später in einer Tabelle in der Benutzeroberfläche angezeigt werden.

Für diesen Zweck gibt es in C# den generischen Collection-Typ ObservableCollection im Namensraum System.Collections.ObjectModel. Wir legen dazu eine Eigenschaft BerechnungHistorie in der Klasse MainWindow an, die vom Typ ObservableCollection<Berechnung> ist, d.h. die Collection nimmt Elemente vom Typ Berechnung auf. Im Konstruktor der Klasse MainWindow initialisieren wir diese Eigenschaft durch den Aufruf des Standard-Konstruktors von ObservableCollection<Berechnung>.

```
public partial class MainWindow : Window
{
  public ObservableCollection<Berechnung> BerechnungHistorie { get;
          private set; }

  public MainWindow()
  {
    BerechnungHistorie = new ObservableCollection<Berechnung>();

    InitializeComponent();
  }

  ...
}
```

Jetzt erweitern wir noch die Handler-Methode `ButtonLos_Click`, die jedes Mal ausgeführt wird, wenn der Button geklickt wird. Wir wollen bei jedem Klick eine neue Instanz von `Berechnung` zur Collection `BerechnungHistorie` hinzufügen.

```
private void ButtonLos_Click(object sender, RoutedEventArgs e)
{
    ...

    try
    {
      BerechnungHistorie.Add(
          new Berechnung(getIntEingabe1(), getIntEingabe2()));
    } catch (Exception e1) { }
}
```

Code-seitig haben wir damit jetzt alles soweit vorbereitet: wir haben eine Collection, die Elemente vom Typ `Berechnung` aufnimmt. Jedes Mal, wenn eine Berechnung durch Klicken des Los-Buttons ausgeführt wird, wird ein entsprechendes Element, das diese Berechnung repräsentiert, in die Collection hinzugefügt.

Bisher haben wir aber noch keine Tabelle in unserer Benutzeroberfläche. Wir müssen die Tabelle also hinzufügen und danach mit der `ObservableCollection` verknüpfen.

Zunächst erweitern wir unser Grid in der XAML-Datei um eine zweite Zeile. Die zweite Zeile soll keine bestimmte Höhe haben, sondern den kompletten verbleibenden Platz einnehmen (wir wollen in der Tabelle ja möglichst viele Elemente speichern). Dies erreicht man, indem man als Wert der `Height`-Eigenschaft einen Stern statt eines konkreten Wertes angibt.

```
<Grid.RowDefinitions>
    <RowDefinition Height="25"></RowDefinition>
    <RowDefinition Height="*"></RowDefinition>
</Grid.RowDefinitions>
```

Als nächstes fügen wir eine Tabelle in die neu geschaffene zweite Zeile des Haupt-Grids ein. Tabellen werden in WPF durch Elemente vom Typ `ListView` realisiert.

```
<Grid>
    <Grid.RowDefinitions>...</Grid.RowDefinitions>
```

```xml
        <StackPanel Orientation="Horizontal" Grid.Row="0" Grid.Column="0">
            ...
        </StackPanel>
        <ListView Grid.Row="1" Grid.Column="0">
        </ListView>
</Grid>
```

Danach verknüpfen wir die neue `ListView` mit der `ObservableCollection`, die wir im C#-Code erstellt haben. Dazu sind zwei Schritte notwendig:

- Zunächst legen wir fest, dass sich Verknüpfungen mit Elementen des Fensters auf den hinzugefügten Code der Klasse `MainWindow` beziehen. Dazu fügen wir dem übergeordneten `Window`-Element in der XAML-Datei eine Eigenschaft hinzu:

```xml
<Window ...
    DataContext="{Binding RelativeSource={RelativeSource Self}}"
    ...>...</Window>
```

- Danach verknüpfen wir das `ListView`-Element durch Hinzufügen einer Eigenschaft explizit mit der `ObservableCollection`:

```xml
<ListView ItemsSource="{Binding BerechnungHistorie}" ...>
</ListView>
```

Jetzt sind `ListView` und `ObservableCollection` miteinander verbunden und die Elemente der `ObservableCollection` können in der `ListView` angezeigt werden. Allerdings müssen wir noch festlegen, welche Spalten unsere Tabelle haben soll und welche Daten in den jeweiligen Spalten angezeigt werden sollen.

Dazu legen wir für die `ListView` ein Kind-Element `ListView.View` an. Dieses erhält wiederum ein Kind-Element `GridView`. Innerhalb der `GridView` können wir nun für jede anzuzeigende Spalte ein Kind-Element vom Typ `GridViewColumn` anlegen.

Wir setzen für jedes `GridViewColumn`-Element drei Eigenschaften:

- `Header` gibt an, welcher Text in der Kopfzeile einer Spalte erscheinen soll.

- `Width` gibt an, welche Breite die Spalte in der Tabellendarstellung haben soll.

- In jeder Zeile wird ja ein Element vom Typ `Berechnung` dargestellt. Mit der Eigenschaft `DisplayMemberBinding` können wir angeben, welche C#-Eigenschaft des Typs `Berechnung` in der jeweiligen Spalte dargestellt werden soll.

```xml
<ListView ItemsSource="{Binding BerechnungHistorie}"
                Grid.Row="1" Grid.Column="0">
    <ListView.View>
        <GridView>
            <GridViewColumn Header="Zahl 1" Width="80"
                DisplayMemberBinding="{Binding Zahl1}">
            </GridViewColumn>
            <GridViewColumn Header="Zahl 2" Width="80"
                DisplayMemberBinding="{Binding Zahl2}">
```

```
            </GridViewColumn>
            <GridViewColumn Header="Summe" Width="80"
                DisplayMemberBinding="{Binding Summe}">
            </GridViewColumn>
        </GridView>
    </ListView.View>
</ListView>
```

Damit ist jetzt alles komplett. Wir haben die Tabelle in unsere Benutzeroberfläche eingefügt, angegeben welche Spalten die Tabelle besitzen soll und die Tabelle mit der `ObservableCollection` aus dem C#-Code verbunden. Über einen Event-Handler haben wir festgelegt, dass bei jeder neuen Berechnung ein neues Element zur `ObservableCollection` hinzugefügt wird.

Wir können das Programm jetzt mit `Strg` + `F5` übersetzen und starten: es zeigt nun das gewünschte Verhalten. Jede neue Berechnung wird als Historien-Eintrag in der Tabelle angezeigt.

15 Webtipps

Wir haben über 65 Web-Ressourcen zusammengestellt, die Ihnen dabei helfen, ihr C#-Wissen zu vertiefen. Wir haben Sie auf der Webseite zum Buch unter
`http://www.programmierenlernen24.de/webbtipps-csharp-buch/`
bereit gestellt.

16 Code-Download und Übungen

Der Quellcode, der im Buch verwendet wurde, kann auf der Webseite zum Buch unter
`http://www.programmierenlernen24.de/csharp-code-download-bch/`
herunter geladen werden.

Die Übungen zu allen Kapiteln können auf der Webseite zum Buch unter
`http://www.programmierenlernen24.de/csharp-uebungen-bch/`
eingesehen werden. Es werden dort auch Lösungsvorschläge für alle Übungen bereit gestellt.

17 Impressum

Lorig, Daniel: C# Programmieren Lernen ohne Vorkenntnisse: .NET-Programmierung für Anfänger
Nalbach, Juni 2017

Alle Rechte am Werk liegen beim Autor:
Daniel Lorig
Schillerstr. 18
66809 Nalbach

Titelgrafik: Digitale Welt, Yakobchuk (Depositphotos)

ISBN-10: 1546896619
ISBN-13: 978-1546896616

www.ingramcontent.com/pod-product-compliance
Lightning Source LLC
Chambersburg PA
CBHW080537060326
40690CB00022B/5158